呼叫
81192

"海空卫士"王伟的飞行梦和家国情

阮国琴　著

社会科学文献出版社
SOCIAL SCIENCES ACADEMIC PRESS (CHINA)

前　言

　　时光匆匆，岁月荏苒，王伟离开我已有 24 个年头了。在这 24 年里，除了对他深切的思念，我想得更多的是能够为他做些什么，为他为之献身的这个伟大的国家做些什么……

　　如今孩子已经长大成人，继承了王伟的遗志，成为一名海军军官，我也退休了，有了更多的时间和精力去思考我的后半生该以怎样的方式去追寻爱的足迹。我考虑再三，终于鼓足勇气从柜子里取出了那个陈旧的皮箱，从里面拿出两个精致的盒子，盒子里面放着的是我和王伟婚前 5 年的上千封书信。和王伟结婚以后，我就再也没有触碰过这些书信。如今打开封存 30 多年的书信，令我柔肠寸断、痛不欲生，我极力让自己失控的情绪平复下来，开始整理我和王伟的往来书信。

　　重读书信，思绪万千。字里行间，饱蘸浓情。从这些书信中，我又认识了一个全新的王伟。他为国牺牲，使我终于懂得了他矢志不渝的追求和满腔的报国之志，明白了他共产主义信仰之坚定，体会到了他对党的赤胆忠心和使命担当。他用实际行动践行了入党时的誓言：为共产主义奋斗终身。

　　王伟对党的忠诚和勇于牺牲的精神深深地震撼着我。2021 年是中国共产党成立 100 周年，在那时我就有了写这本书的强烈意愿，我要书写英雄王伟一生的赤胆忠心和满腔的报国情怀，我要把这本书献给我们伟大的党。我要书写王伟平凡而伟大的一生，写他的飞行梦，从一个普通的中学生成长为一名战斗机飞行员，成为一名杰出的军人；写他的家国情，在爱情与事业之间的徘徊和选择，在军校的刻苦学习和严格训练，在部队的积极进取和履职尽责；写他的强军梦，作为一名共产主义理想的忠实信仰者和坚定实践者，他胸怀远大革命理想，热爱党、热爱祖国、热爱人民，始终把国家和人民的利益放在高于一切的位置，直至献身国防事业。王伟一步一个脚印地把自己的梦想融入实现中华民族伟大复兴波澜壮阔的奋斗历程，书写了无愧于时代的精彩画卷。通过书写王伟的一生，我更加坚定了共产主义信仰，决心要砥身砺行，爱国报国，把对党和人民的热爱牢记心中、落实在行动中，为共产主义事业奉献自己的余生。

其实写这本书，无论长短，我都感到不轻松，除了有追求"更好一点"的想法，最主要的是因为每一次回忆和读信，都会有一股撕心裂肺的疼痛遍布我的全身。不管有多么难受，我都要完成好使命，继承王伟的遗志，弘扬爱国精神，呼唤中国人心底的温良。我希望在王伟爱国精神的引领下，继承和传播这种伟大的中国精神。人人爱国，人人温良，凝聚军心和民心，成为爱国之担当，汇聚中华民族伟大复兴的磅礴力量，为伟大的新时代和伟大的中国，发奋图强，砥砺前行。

阮国琴

2025 年 1 月

目　录

第一章　家国情怀　001

第二章　逐梦蓝天　015

第三章　琴瑟和鸣　021

第四章　鹰击长空　167

第五章　万众一心　177

第六章　魂铸海疆　189

第七章　荣誉功勋　197

第八章　情深义重　217

第九章　薪火相传　257

第十章　爱国奋进　265

后　记　　　　　276

家国情怀

第一章

　　我希望加入党组织，决不是为了捞点"政治资本"，也不是为了升官发财，我只想以一个党员的身份要求自己，为党和人民的利益贡献自己的一切，甚至生命。

——王伟

　　"没有共产党就没有新中国，没有共产党就没有新中国。共产党辛劳为民族，共产党他一心救中国，他指给了人民解放的道路，他领导中国走向光明……"这首耳熟能详的革命歌曲深受大家的喜爱，也是王伟最喜欢唱的歌曲，歌词朴实无华，却表达了一个伟大的真理：没有共产党就没有新中国，就没有我们万家团圆、共享天伦的美好生活。

王伟的入党申请书

　　在百年历程中，中国共产党经历了无数磨难！无数英雄前仆后继，做出了很多的牺牲，才有了我们今天美好的生活。重温王

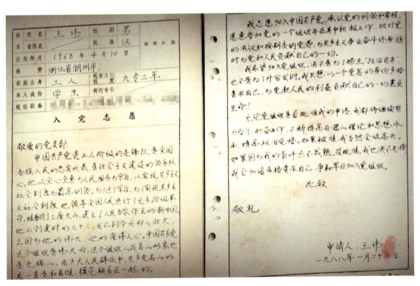

王伟的入党申请书

伟20岁时写的入党申请书，让我明白了一个道理：当把自己的理想追求和国家的利益联系在一起的时候，才是成为一名真正的共产党员的时候。王伟在入党申请书中写道："我希望加入党组织，决不是为了捞点'政治资本'，也不是为了升官发财，我只想以一个党员的身份要求自己，为党和人民的利益贡献自己的一切，甚至生命。"这肺腑之言，是一个共产党员对党的庄严承诺。王伟用青春坚守了自己的信仰和对党的赤胆忠心，用生命履行了自己对党和国家的誓言，经受住了党对他的考验。

坚定共产主义信仰

中国共产党是怎样的一个党？为什么无数仁人志士都要加入这个组织？我们党到底经受了怎样的腥风血雨，才让劳苦大众从水深火热之中翻身得解放？中国共产党的力量和源泉在哪里？我找到了答案，那就是共产主义信仰！

回顾中国共产党百年非凡奋斗的历程，中国共产党人构筑起了中国共产党人的精神谱系。建党精神、井冈山精神、长征精神、遵义会议精神、延安精神、红岩精神、西柏坡精神、抗美援朝精神等，为立党、兴党、强党提供了丰厚养料。每一种精神都真实映照了中国共产党人的斗志与勇气、面貌与力量。中国共产党的伟大精神是在伟大奋斗中铸就的，也需要我们在感悟党的百年伟大奋斗历程中去认知、传承和发扬。伟大精神是支撑中国共产党百年奋斗历程的强大动力，如果没有伟大精神的支撑和激励，奋

勇向前的非凡历史就难以谱写，正是伟大精神，使中国共产党在
百年伟大奋斗历程中行稳致远。

　　纵观党的百年历程，一代又一代的共产党人忠于信仰、不忘初
心、牢记使命、顽强奋斗，如杨根思、黄继光、孙占元、杨春增等
英雄，他们用鲜血铸就了革命成功，还有中国人民不曾忘记的"海
空卫士"王伟，为了捍卫祖国的领空安全奉献了自己年轻的生命。
他们那敢于牺牲的大无畏精神，源于远大的革命理想和坚定的共产
主义信仰。

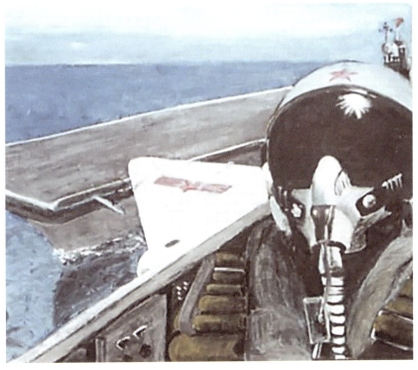

在祖国航母上起飞，是王伟生前最大的心愿。图为王伟生前油画作品《夙愿》

王伟的共产主义信仰是用生命去践行的。当 2001 年 4 月 1 日战备值班一级警报拉响的时候，他冲出值班室，上机起飞。那一刻，使命担当就是冲锋陷阵。王伟临危不惧，镇定自若，他说："作为一名飞行员，为了祖国和人民，要不避艰险，一往无前，时刻准备着用忠诚捍卫祖国的尊严。"他是这样说的，也是这样做的。

战备值班听到警报拉响，王伟第一个冲出去准备起飞

实现远大的革命理想

　　王伟能做出伟大壮举不是偶然的。他从小受参加过长征和抗日战争的大姨和大姨父的影响，幼小的心灵里播下了"解放军是光荣

的、神圣的"的种子，立志成为一名解放军战士。从小学一年级起，每逢春节，王伟要的新衣服就是一套绿"军装"。长大后，他实现了自己的理想——成为空军飞行学院的一名战斗机飞行员，毅然踏上了报国从戎的征程。

孩童时期爱穿"军装"的王伟（左一）

王伟苦练精飞，勇于争先，5 年的军校锻造，练就了一对坚硬的翅膀，他以优异的成绩拿到了飞向蓝天的通行证，并选择到艰苦、偏僻的海防前线。对他来说，当一名海军飞行员，献身祖国的万里海空，不仅是一种职业，更是他的理想和毕生热爱的事业。每一次的起飞与降落，都是他人生的起点与超越。

当他听说部队将改装国产最先进的歼击机时，立即报名申请第一批改装，有人劝他说："一旦改装，又是从零开始，你又成了一名新飞行员。有你这样的飞行技术的，在别的部队早已干上大队长了。"王伟说："我不在乎当官，就是想飞最好的飞机。"

改装先进战斗机，他第一个放单飞，率先进入战斗科目训练，担负战备值班。他先后 3 次参加改装，驾驶过 3 种型号的歼击机，熟练掌握装备技术，在飞行中严格按规程操纵飞机，共飞行 2000 多架次，在长达 1000 多个小时的飞行中，从未发生过错忘漏失误和事故征候，多次圆满完成重大战备训练任务，因飞行安全荣立三等功。

王伟在跳伞科目训练时留影

心系小家

　　王伟知道飞行员这个职业的危险性，尤其是身边战友的牺牲，深深地触动了他，他早就做好了牺牲的准备。他怕将来有个万一，不幸牺牲了给我带来痛苦，把满腹柔情深藏心底，给我写了一封"绝情信"。王伟在信中编造了一个根本就不存在的女大学生，他说不再回湖州见我，让我死了这条心，并且在信的末尾画了一个墓碑，墓碑上写着"王伟之墓"。他毅然选择了事业和梦想。当收到这封信的时候，我伤心欲绝，但还是回了一封信祝他幸福。他收到我的回信，感觉自己深深地伤害了我，千方百计地想办法，请了一周的假，赶回湖州向我解释并请求我的原谅。他拿出他战友们写给我的信，信里战友们告知了王伟对我的真情实意，我被深深地感动了，知道他已经把对事业的追求与理想融进了生命。我原谅了他，并且更加爱他了，我在心里默默地许下心愿：无论你到哪里，我都要陪在你身边，哪怕天涯海角。后来王伟从空军飞行学院毕业，分配到远在天边的海南乐东机场，我舍弃了自己安逸的工作，毫不犹豫地办理了随军手续，陪伴在他身边，支持他的事业，让他在部队安心工作，飞得更高更远。

　　王伟是一个温柔体贴的好丈夫，虽然飞行员的职业特殊性使我们聚少离多，但是他只要一回家，就扎上围裙，做我爱吃的饭菜；有次结婚纪念日时，他从外地回来，给我买了一块漂亮的真丝衣料，并亲手为我设计了一款时尚裙子；在我腹腔大出血，住院进行手术治疗时，他对我呵护备至，一个多月里，为我洗脸洗脚，端饭洗衣。他是独子，非常孝敬父母，虽然与父母远隔千里，但每周他都要打电话问候老人。无论多忙，他都不会忘记父母的生日，并给父母寄去生日礼物。

胸怀大“家”

我知道王伟的确爱我们这个小家，但作为他的妻子，我深深地感受到他更爱祖国这个大“家”，当祖国需要他的时候，他会毫不犹豫地舍小家，去保卫祖国这个大“家”。我在海南没有其他亲人，记得有一年春节，心里是多么希望他能够和我一起过年，和我一起迎接新年的钟声。可大年三十，在这个万家团圆的时候，他一早就背起装具赶到外场值班。初一下午，他和战友们驾驶着“战鹰”在祖国的南海巡航，守卫空中国门。后来我才知道，那天他和他的战友凭着过硬的飞行技术，采取灵活机动的战术，与外军侦察机进行了数十分钟的较量，赶走了来“家门口”骚扰的外军侦察机，使全国人民度过了一个平安祥和的春节。其实像这种情况在我们的生活中实在是太多了，王伟所在部队担负的战备值班任务非常繁重，一有紧急情况出现，根本就不知道他什么时候能够回家。我知道他是爱我的，但是我更懂得，作为一名军人，他要舍小家为大“家”，要捍卫祖国的主权、保卫祖国领空的安全，担负起保卫祖国和平、保卫人民生命财产不受侵犯的神圣使命。

使命担当

正因为如此，他和他的战友们才那样热爱和平、热爱生命，并

王伟陪儿子在海南陵水的猴岛公园游玩

且懂得生命的珍贵。我记得孩子出生时，王伟刚从部队赶回老家，就把襁褓中的儿子轻轻地搂在怀里，然后高高地举过头顶，他为儿子、为一个新生命的诞生激动地大声喊道："我有儿子了，我的事业后继有人了！"他知道，他所从事的事业、他所担负的职责都是充满危险的，他对我说："有了儿子，我会更加珍惜自己，注意飞行安全，努力尽到一名父亲、一名丈夫的责任。"

　　记得那是一个难得的休息日，我和他带着4岁的儿子在球场滑旱冰，望着阳光下儿子欢快的身影，他的脸上溢满了幸福，动情地对我说："我一定要让我们的儿子幸福，一定要让他在和平的阳光下长大成人！"对长期生活在和平日子里的人们来讲，他的话听起来似乎有些陌生和遥远，但作为他的妻子，一名军人的妻子，和其他军嫂一样，我能深深体会到他话中的含义。他和战友们驻守在祖国的南海前哨，经常与到我们国门前骚扰和挑衅的敌机打交道，深知外侵之敌的本性，因而也深知和平环境的来之不易，更深知自己肩负的责任和使命，随时准备为祖国的尊严、民族的利益而战。

魂铸南海

王伟为了履行神圣的职责，从来没有考虑过个人的安危。每次组织安排战备值班，他都抢着上；每次发现敌情，他都积极请战；每次战斗起飞，他都把生死置之度外。他和战友们对祖国立下过誓言：要用自己的生命去捍卫祖国的和平，去保卫国家和人民的利益不受侵犯，去维护中华民族的尊严！

他是一个遵守诺言的人，现在，他真的用生命履行了自己的誓

王伟在海南陵水家里，阮国琴摄

言！他用生命为他的儿子换来了和平的阳光，为千千万万个家庭的孩子换来了和平的阳光！作为王伟的妻子，我要对他说："王伟，你不仅尽到了一名丈夫、一名父亲、一名儿子的责任，你也尽到了一名中国军人的责任！"

最后，我还想对王伟说："你热爱祖国，为了国家和人民的利益，不顾个人安危，置生死于度外的精神已经永远留给了你的战友们，他们一定会继承你的遗志，发扬你的精神，完成保卫祖国海空的神圣使命，你的魂永远融入了祖国的碧海蓝天，生命永存。"

逐梦蓝天

第二章

成为一只翱翔于蓝天的雄鹰，是我人生最大的追求！

——王伟

在人生最初的 18 年里，王伟很平凡，平凡得和路上每一个背着书包去上学的学生一样，平凡得像家乡任何一条河流中的一滴水一般。然而，平凡中孕育着梦想，平凡中的王伟慢慢滑入了起飞的跑道。

小时候的王伟

王伟从小就有个当兵的梦。他出生在浙江湖州的一个普通工人家庭里，但这又是一个特殊的家庭，王伟的大姨和大姨父都是参加过长征和抗日战争的老战士，14 个堂表兄妹中，9 个当过解放军，其中，青岛的大表哥何家龙是我国 20 世纪 60 年代的飞行员。他们的军旅生涯在王伟心中播下了长大后要当兵的种子。

小时候的王伟是个顽皮的孩子，他最爱穿绿色的衣服，整天把爸爸给他做的木刀、木枪挂在腰上，和小伙伴们玩"打仗"。尽管王伟年龄最小，但他最好胜，喜欢带着小伙伴"冲锋陷阵"。在他幼小的心灵中，解放军是光荣、神圣的。

那时候，家里生活不富裕，小王伟都是穿姐姐的旧衣服，快过年了，看着别的小伙伴儿都有新衣服穿，他噘起了小嘴。在青岛工作的大姨知道了，就向小王伟许诺说："你哥哥有一套军装，大姨也给你买一套。"王伟立刻笑了。过年了，大姨真的带来了一套军装模样的服装，还配了一顶别着帽徽的"军帽"，小王伟捧着这件礼物，高兴极了。他穿起"军装"，戴上"军帽"，还在腰上扎了根小皮带，向每一个来家里做客的大人神气地敬礼。

王伟也许不知道自己未来的生活会是什么样，但他一直在沿着向往的方向坚定地前行。高二的时候，王伟有过一次英雄壮举。那是一个星期日，他和7个同学到郊外的道场山上春游，当他们返程快到山下时，突然听见有人喊："起火了！起火了！"王伟和同学们马上又朝山上奔去，他捡起树枝带领大家奋不顾身地去扑火，直到将山火全部扑灭。事后，他们一直没有跟别人说起这件事。几天后，乡政府和当地农民送来了表扬信，学校才知道此事。

中学时期的王伟

通向理想的大门终于向王伟打开了。1986 年，空军在湖州地区招收飞行学员，王伟瞒着父母和奶奶报了名。当他准备参加招飞复检时，老师告诉他没有父母的签字，按学校规定不能参加体检，王伟急坏了，当天下午就匆匆赶到父母单位，一脸严肃又迫不及待地对他们说："我想去当飞行员，但没有家长的同意，学校不让参加体检。"

王伟军校毕业后，回家乡湖州探亲，在小区公园里留影，阮国琴摄

　　王伟一开口，父母愣住了。父母的心里比较矛盾，他们早就知道儿子的心愿，可只有这么一个儿子，一下子就要远离他们，而且以后也不知道什么时候才能回到他们身边，心里确实有点儿舍不得。母亲委婉地向儿子说出了自己与父亲的忧虑。见父母没同意，王伟一转身坐在旁边的椅子上说："你们不答应，我就不走了。"王伟这一坐，就坐到了下班时间。眼看着天渐渐黑了下来，车间里的人越走越少，父母知道拗不过儿子，就问儿子："当兵很苦，你吃得起苦吗？你要报名可以，但你自己选择了这条路，就不能半途而废。国家培养一个飞行员不容易啊！"王伟坚定地点头说决不后悔。

在学校老师精心的教育下，王伟努力学习，以优异的文化成绩和强健的身体素质通过了考核，被空军飞行学院录取。接到录取通知书的时候，王伟高兴地从床上跳下来，站在送通知书的凌老师面前，"啪"地敬了一个还不怎么标准的军礼，他说："报告老师，我是飞行员王伟，以后我会飞上蓝天，保卫祖国的神圣领空。"王伟的儿时梦想终于要实现了。

　　王伟从小就想当一名解放军，想成为一名飞行员，翱翔于蓝天，保卫祖国，他为了实现这个人生目标而努力奋斗，终于成为一名真正的战斗机飞行员。王伟早年便立下志向，他知道自己想要成为一个什么样的人。立下志向后，他的眼里心里就只有自己的志向，内心永远专注于此，一步步去实现他的追求和梦想。

琴瑟和鸣

第三章

　　那银色的鸟，是我的第二爱人。我爱她，朝霞与她一同出航；我爱她，日落与她携手而归。梦里，常常出现的，是她和你。我不能，不能离开她，就像永远不能离开你。

——王伟

　　只有经得起别离的痛苦的爱情，才是真正的爱情，爱情不仅是一种尘世的感情，更是一种精神上的鼓励。爱情之所以可贵，是因为它不可替代。

　　阿伟，你知道吗？我现在心好痛，伤心到眼泪直流，因为我打开了我们封存已久的书信[①]……

王伟当兵后第一次回家乡探亲时在湖边留影

---

① 尊重作者意见，保留原书信风格及语言特色，仅对少数书信内容进行必要的编校处理。

理想在召唤

琴琴：

每天都有给你写信的欲望，特别是这几天。我真想飞到你的身边，向你倾诉我的一腔热情。然而为了我的"飞行梦"，为了更接近你梦中白马王子的形象，我必须继续在这"雏鹰"的摇篮里接受磨炼。

当星星还挂在天边的时候，出操号就吹响了。几分钟的时间，我们便已穿戴整齐，踏着整齐的步伐，排成一条条直线，组成一个个方阵。带着梦里的余音，我活动开了四肢，下臂如刀砍，踢腿像射箭——这箭，射走了星星，射开了晨幕，射出了一轮红日。小鸟被我们吵醒了，趁着大好晨光，唱起了悦耳的晨曲。虽然我已满头

王伟在空军飞行学院指挥学员大合唱

大汗，虽然我已筋疲力尽，但梦中的飞行却让我情不自禁地走上这通往蓝天的旋梯。旋转，旋转，再旋转！是天转？地转？还是我转？直到天翻地覆，直到眼前满是"萤火虫"，直到胃里"闹革命"，我才带着飞旋的快感，摇晃着走下来。

最近一段时间我是很忙的。我已经是预备党员，还担任着团支部书记的职务。"五四"就要来了，好多事情需要准备。比如为文艺会演准备节目，组织球队训练，还要找新发展的团员谈话。这些工作确实够忙的，但是同时也锻炼了我。忙有什么可怕的！这更充实了我，让我不再有空胡思乱想了，是不是？

"五四"你是否也要参加青年组织的活动？预祝你快乐啰！

你的伟

1988 年 4 月 30 日

阿伟：

　　你好！

　　看着你的照片，读着你的信，心里有说不出的舒畅。你变了，那张年轻的脸变得成熟而深沉，那熟悉的字迹变得清晰而老练。我既高兴又担心。高兴的是你有那么多的变化，担心的是怕我赶不上你这位大学生的脚步。

　　伟，我不会掉在你后面的。虽然我不是大学生，但是我自信，有事业和追求。过去的并不能代表现在，现在的也并不代表将来。路是靠脚走出来的，事业也是靠双手创建的，对前途，我充满信心。但我并不想做时代的先锋，也不想做女强人。生活中只要有你和事业，我就满足和充实。

王伟归队后，阮国琴经常望着窗外，
期盼远方的爱人归来

为了事业和你，我拼命地看书、学习，用知识补偿我过去和现在所失去的一切。我放弃了娱乐，放弃了看电影，放弃了和朋友闲谈，每天除了工作、跑图书馆之外，经常一个人骑着自行车兜风，到我和你走过的地方……我失去了该有的享受，却得到了前所未有的自我满足。

伟，我有好多事情想告诉你，但又不想打扰你。自己的事情自己解决，我应该培养自己的独立性。

伟，我有一个要求，我想并不过分，如果你真的想我，希望你给我打个电话，我太想听你的声音了。

祝智慧给予你一切！

你的琴

1988 年 6 月 13 日

永久的等待

阿伟：

将近一个月没收到你的来信了。不知你现在一切可好？我真想知道你的近况。

信只是信。也许有时候，倒可以是一颗心，是那样一种……一种心灵与心灵的交融，思维与思维的对答，情绪与情绪的沟通……假如写信，仅仅出于事务性的契约和机械化的习惯，那生活会失去它富有魅力的一份色彩……所以，如果写信会浪费你的一部分时间或影响你正常的学习，那么不必遵循机械化的习惯，浪费你的时间和精力。阿伟，你这样做是理智的，我可以理解，军队的纪律是严明的，而我们却过早地体会了爱情的美好。因为我们年轻啊！太年轻使我们热烈地憧憬着一切，忘情地感受着一切……

王伟，你有你的抱负，我也有我的前程。我不能影响你的训练和生活，不该写那些情意绵绵的信，不该没理智、天真地提出打电话之类的傻事，请原谅我的年轻和无知。你可知道，每次失信，等待着的是焦灼的烦恼；每次失望，等待着的是渴慕的不安？每一次我所等待着的，是一场等待的尾声、精神的疲乏和折磨那么久的等待。不！等待，是缓缓不竭注入生命的甘泉，我所等待着的，是另一场等待的开端……

王伟，这两年时间我们不要再通信了，这种痛苦的该死的等待我受不了，既然除了爱，还有友谊；除了忧伤，还有欢乐；除了失望，还有希望——那么，就让我冷静地"理解"吧。是啊，理解……

这两年将是无形的考验，我等你，等我们再次相聚时，希望你变成成熟的男子汉，而我仍然会是以前纯真的小女孩，只是增添几分活泼和一些爱思考的"细胞"。

王伟，这两年我们都会有所成长的，虽然我们不再有彼此的音信，但只要有一份来自远方的默契，也就心满意足。两年时间里我会把英语学好，还要学一下吉他和舞蹈，等你这个大兵回来，是否还能跟上现代的迪斯科的节奏？

王伟，我希望你成为我心目中的男子汉，希望自己成为你心目中的美丽女孩，我想说："我要我的爱人爱我。可他……永远不要告诉我……"我需要等待，在匆匆的足音中等待，在哗哗掀过的日历中等待，在纷乱的思绪中等待，在疲倦的瞌睡中等待。这两年，我不会再写信，除节日以外。我想，时间的累积会带来

劳动之余的阮国琴

更多的充实和自信。

王伟，人的天赋就像火花，它既可熄灭，也可以燃烧起来，而迫使它燃烧成熊熊大火的方法只有一个，就是劳动，再劳动。这是高尔基说的。如果你有好的机会和天赋而不抓紧利用和探求，那就会碌碌无为；如果你发挥自己的聪明，不断锻炼自己，吃得起苦，学习再学习，那你将出类拔萃。王伟，愿你这两年里摔得下，爬得起。

有人说，等待，应该是一场终究会释解的误会。我想，等待，恐怕是一出即便大幕已徐徐垂下，你也终究笑不出声来的喜剧。

生活，需要等待。哦，不！等待，就是生活。我的等待，还是希望，是寄托，是一支总也唱不完的歌……

琴

1988 年 7 月 15 日

青春之爱

阿伟：

　　你好！未来一年多不见面，这对我是一个小小的考验，我们相距遥远，爱得却非常真切。也许有人会说，我们不懂得珍惜爱的青春。不，我们比别人更懂得什么是爱；也许有人会说，我们是在浪费青春的黄金时代，不，我们是在用青春编织前景；带着爱去追求，带着爱去启迪青春的智慧，我们是幸福的。

　　虽然我偶尔感到孤单，偶尔感到失望，偶尔需要太多太多的爱，但是我们都懂得怎样去独立，怎样去克服生活中的困难。我是

王伟为阮国琴画的素描像

女孩子，在某些方面，我需要你的保护、陪伴，但我不能太自私，你的事业是需要追求的，我应该全力支持你去实现梦想，我要关心你，更深更亲地爱你。是的，你值得我用感情去恋，用生命去爱，你是我最亲的人。

对事业，你要尽自己最大的努力去追求，能够做到的就要大胆去闯，失败了也不要回头，独立的人应该有坚强的意志。对我，你可以放心，只要我爱你，就会等你。可我理解你，你也要理解我。你不要一个多月不来信，音信全无，不能疏远我。如果有事儿不能写信，请你告诉我，我想我会理解的。

中秋节前，我们通了电话，我仿佛又回到你的身边，闻着你的气息，听着你的心跳，无法形容的心颤。阿伟，我不知道你们部队是否允许，我会一个月打一次电话的，听到你的声音，我会更有信心。

窗外飘来一丝细雨，好柔，好轻，好缠绵。秋夜的雨丝伴着点点柔情，我点上了一支紫罗兰的蜡烛，黄色的烛光中，你走来了，带着红玫瑰的芬芳，送来午夜的清香。轻轻地，悄悄地，涌来雨滴的"柔情细语"，我们轻歌，我们依偎，度过了一个美好的秋夜。唉，那是梦，我们的秋思梦！

你的琴

1988 年 10 月 18 日

心心共鸣

琴琴：

　　我感觉到，你寄给我的不是信，而是一颗心，对我充满爱意的心。我们的心又一次共鸣了，我们共同发现了一种美，寂寞的、淡泊的而又相当充实的一种美。只有我们，才能享受这种美。因为我们是在用心爱，用青春的热血在爱。我们的爱不必有太多的表白，我们只要这种共鸣，心与心的共鸣。我是低八度的 G，你是高八度的 G。低八度的 G 音深沉、饱满，高八度的 G 音清澈、明亮。

　　我们沉醉在爱情里。

　　我的战友你是否已见过了？我送你的子弹是我当兵后打响的第一颗，我把它做成项链的样子送给你，送给我唯一的爱人。希望你能够喜欢。

　　你要我来个"专题汇报"，其实我的生活和以前差不多。不过环境好了一些。现在必修课虽然讲完了，但是还得忙一阵子。因为要写好

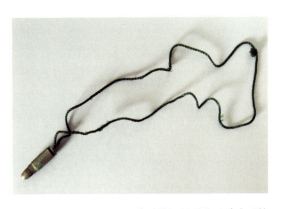

王伟送给阮国琴的子弹头项链

几篇论文，"政治经济学"和"军事管理学"各要求一篇。另外团支部书记也不是个空闲的职位，前一段时间组织了一些比赛，现在又要准备讲团课了。虽然我现在比高中时多学了一些理论，但是要给同学们讲课，还是需要好好准备一下的。到明年 3 月份，我的预备期就结束了，将成为一名正式的党员，这是两年前做梦也不会想到的。

春节不能回来与你团聚，到时候我肯定会很难过的。我打算春节睡上 24 小时，梦里与你在一起。说是这么说，事实上还得照着部队的规定过的。反正 3 月初就要转校，就要让我进入"飞行梦"，为了这个"飞行梦"我已奋斗了近 3 年了，到飞行学院后我还要奋斗两年。想一想当我实现这个梦的时候该有多么高兴，多么满足。所以我现在信心更足了，当然这有你鼓励的功劳，是你对我爱的结果。

我经常在构思我们今后的生活，那该有多么甜蜜。我飞完练习，提着飞行帽回到自己的家里，你腰里围着围裙从厨房出来开门，然后给我变出一顿丰盛的晚餐。晚上我们坐在阳台上，对着天空的月亮、星星，我弹你唱；花香虫鸣围着我们；我给你讲天上的云，云上的天；你给我讲你的书、你的诗、你的歌、你的梦；然后回房点上一支紫罗兰的蜡烛……

我永远爱你，你永远爱我！

时间会带来一切的，我们的成功，我们的梦。

时间会带走一切，我们分离的痛苦。

时间在飞逝。

你的伟

1988 年 10 月 27 日

为爱拼搏

琴琴:

小王给我带来了好吃的,更给我带来了你对我的相思。我仿佛看到了你孤独地坐在月光下的窗前,默默地想,默默地写——想我这个不称职的恋人,写你对我的相思。琴琴,我知道、我明白、我理解你对我的一片爱心,我也想你、也爱你、也想疼你。然而,现实却让我们分离,天各一方,为自己的理想,为爱人的期望和等待,为今后更好地结合、更深地相爱、更幸福地生活而拼搏,而忍受别人想不到的痛苦。虽然分离是痛苦的,然而我们比别人充实,比别人爱得更有深度。

为了你,我要拼搏、拼搏、再拼搏!你给了我爱,那么多的爱,我是幸福的。你给了我幸福,我要好好爱你,一心一意地爱你。如果现在能把心掏出来的话,我就会掏给你,让你去保存。你给了我希望,给了我对今后幸福生活的憧憬,我的心里只要你,只要你就够了!

我只要你,我的爱人,唯一的爱人!

这是我的爱情,我的!

我被你包围,被你的爱融化。

你的伟

1988 年 11 月 12 日

绝情分手

阮国琴你好：

时间过得很快，转眼我们的友谊已持续两年。我非常感激你，两年中给我的一切。可是，我从头分析，从头回忆，从头考察了我们的友谊，却发现了一些危机。

你是相当优秀的，但是性格却不很适合我。注意我不是在否定你的性格，只是并不适合我。可以这么说，当初我们都想得太浅

王伟的"绝情信"

了！真正的爱情仅仅靠外貌来维持是不可能的，重要的是心灵的相通——这道理我们都懂，可惜没有理论联系实际。另外，我也不是优秀的男子，至少与你想象中的相比要差得多。一没有头脑，二没有金钱地位，更没有你梦中白马王子的外貌。

要你再等两年，孤独地等，痛苦地等，寂寞地等，而等来的不是白马王子，不是专一高尚伟大的爱情，这是害了你。你应该下定决心，我一定同意分手。

可能你会骂我不道德，我的确很不道德。对于我们以前的爱情我并不专一，我是个伪君子。早晚有恶报，早晚我会头破血流的。

我知道，分手以后你是不可能再理我的。以后我也不会经常回湖州的。也许这一辈子我们不会再见面了。外面的世界并不精彩，外面的世界很无奈。本来还有许多话要与你讲的，可是现在想来并无必要。

注意：不要对我抱有幻想，今天我唯一说了一次真话，你应该感到高兴。因为你没有让我拉下水。

我在长春已经有了女友，大学一年级，属狗的。没有你漂亮，但性格很适合我。这回的基础建得比较牢，她对我很崇拜，也很羡慕你的外貌。在外貌上你是可打满分的。

你说过的，对我"拿得起也放得下"，你会"很潇洒地走"的。

再见。

军礼！

王伟

1988.12.26

王伟：

　　1989 年 1 月 1 日，我收到的第一份贺礼，就是你的最后一封来信。难忘的 1989 年，难忘的 1 月 1 日，我永远不能忘记这一天，不能忘记这一份沉重的新年"贺词"。祝贺你，王伟，终于又找到了新的幸福，也感谢你为我解脱了爱你的束缚，从今往后，在我的世界里再也没有王伟的位置了，你王伟心中也不再容得下我阮国琴渺小的身影。我好轻松，好自在，我和你，不再是我们，而是王伟与阮国琴，也许将来谁都不会记得谁。太可笑了，太可笑了！三年的感情就是因为性格不合而分手，就因为心灵不相通而分手，何必说出那么多的理由，不就是因为你另有所爱而分手。你的性格好爽快，竟那么坚定地否定了你过去的爱，你好诚实，好正直呀！王伟，我不知道这辈子欠你什么，几次我们分手，我总是犹豫不决，是的，如果我不再爱你了，我也不会提出分手的，你说过这辈子我欠你的，完全正确，我是欠你的，现在，因为你的负情，我再也不欠你什么了，不再，永远不再欠你什么了。可以说在爱情上我是成功者，因为我爱过，也一直爱到底，就算你把我的爱说得如此之虚伪和有目的性，我也绝不会说一个"不"字。我所爱的人，尽管他用一句很粗的话在表达"没有让我拉下水"我也接受了，因为我以前打过他的耳光，为了这一句话打他没有白打，我们谁都不欠谁了。尽管我们曾经也有过初吻，温柔而狂热的，这也不算不道德，因为我们曾经深爱过，我们爱过、恨过、想过、鼓励过，我也算得到过你，你不用内疚什么。今天你这么快提出分手，对我来说是很突然的，当我正一步步想让你了解我的时候，你已另有所爱了，我一点思想准备都没有。这么快，就"纸上谈兵"地割断了我一直想深爱你的执着。是的，我会痛心一段时间，也会"潇洒地离开你"，《昨日朋友》的歌声将会让我忘记你的背影，我什么都没有了，我的世界一无所有，一无所有。

　　王伟，请不要为了"抛弃"这个词而内疚，没有必要，你根本就没有抛弃过我，可以说是我抛弃了你两个月。非常痛心的是，我对你一个月的疏忽就造成了今天的结局，是我的不好，我不怪你，男孩子遇上自己欣赏的女孩就会有一种狂热，特别是在我对你感情上的疏忽和你的失望之中，你会很容易爱上其他女孩子的。再说，你也是一个比较优秀的男孩，许多女孩子仰慕你也是理所当然的。王伟，不要责怪自己，请把"早晚有恶报，早晚我会头破血流"的话收回去吧！我不希望自己曾经爱过的人有什么不幸和痛苦。王伟，不要因为我对你的感情而觉得欠了我什么，一切都是上帝的安排，缘分该结束的时候总会结束，我祝福你，真心的。我曾说过，为所爱的人的幸福而幸福，今天，我们要分手了，我还是这样地祝福你。王伟，在我们永远分手的这一刻，有一点，我是非常痛心的。在你我初恋的时候，你只爱我的外表，而没有眷恋我的品德和一颗深爱你的心，这一点我很痛苦。可这也是我自己造成的，我太压抑自己的个性，不让你进入我复杂的思想世界，现在已没有必要多说了。本来想让你一步步地去了解，我总觉得时间是来得及的，会让你知足的，两年、三年、一辈子，你完全可以慢慢了解我，可一切都错了，一切也都变了，就像一场梦，带着泪雨的梦呀！你已经有了女朋友，王伟，我会离开你，对你"拿得起也放得下"。虽然也会"潇洒地走"，可不会那么轻松、洒脱。当我正懂得怎样爱你的时候，深爱的时候，一下子让我认为你的感情已死了，那是很困难的，爱一

21 岁的阮国琴

个人容易，忘记一个人太难了。在我的心目中，你是不可能死的，请不要笑我，你的爱已扎在我内心深处，尽管将来我还会有自己的归宿，但已经不会那么主动和执着了。王伟，虽然你认为你对我的爱是不专一、虚伪的，但你很诚实，也比较坦率，我了解你的过去，了解你的童年，你是一个善良的小男孩。小时候爱狗的你，喜爱花鸟的你，玩命游泳的你，还有扬州小小的你，还有……我太了解你了，包括你的性格、爱好、脾气，所以我原谅了你的一切。从今往后，你就放心大胆地去爱你所爱的"白雪公主"，你一定会得到幸福的。

王伟，你说得对，分手以后我是不愿再见到你的。如果现在有机会让我离开湖州，我会毫不犹豫地走，一辈子不回来。湖州太使我有一种，用你的词——"骑虎难下"的感觉了。我只希望你不要在任何同学面前给我带来流言的压力，我是挺不过去的，会想不开的。别人问起来，就说什么都不知道，请不要为了你的虚荣而说我的坏话，这是我对你最后的要求，就算我深爱你，你对我的一点补偿吧！

王伟，这辈子我们不会有再见面的机会了，我将来的归宿一定不会在湖州，这是下了决心的事。王伟，我应该感谢你给过我的一切，尽管你觉得自己不专一、不纯洁，但对我来说，你的爱是忠诚的，善良的，因为你使我在这两年里活得很充实，培养了许多爱好，懂

在空军飞行学院时的王伟

得了生活和爱情、失败和成功。王伟，不必为现在的我而担心，我会重新找到自己的幸福，只不过要等到 24 岁以后。请不要认为我是为了你，不是的，我只是为了自己的真爱而去寻找生活的伴侣，感谢你。

王伟，对你我是不抱有任何幻想的，我曾经欠你的都已还清了，你欠我的，现在也一笔勾销。我们今后面对的将是两个世界，我不会成为你们的第三者，永远不会，但我相信，将来你不会忘记我，不会的，因为我们曾经深爱过。再见了，三年的恋人！告别了，我的初恋！

伟，让我最后一次呼唤你的名字，柔柔地亲吻你一下，道一声永别！我深爱的初恋情人，我爱你，告别了，没有再见，也不想再见了，那最后就祝你和你的"白雪公主"永远幸福！

阮国琴

1989 年 1 月 3 日

重归于好

琴琴：

　　这段时间，我一直在想，我应该把在长春基础学校的经历做一次小结，我思想上的变化尤其值得总结。事实上，这两年零八个月的军校生活，与你对我的影响也是分不开的。开头六个月，我在失去你的痛苦中度过，失恋的痛苦加上对军营的好奇，以及命运的恩惠给我的快乐，让我度过了"平静"的六个月。没有波折，没有高潮，仅仅是随大流，只让自己扮演了一个"好兵"的角色。那六个月中，我思想上只是达到了一个"适应"的水平，适应了军校生活，适应了寂寞的环境。接着，就发生了一个很有意义的事件，那就是我们的重归于好。

　　某种程度上讲，那是一个使我神魂颠倒、增加了100%自信的事件，我又踏上了新的征程。这一年，是快速成长的一年，我从班长一直升到区队长。

　　这样，让自己受到了很好的锻炼：我能够大胆地在众人面前演说；我学会了指挥100多人的学员队；我还明白了教官们原来并不神秘，原来我已是佼佼者！（也许有点骄傲，可当时这三点认识对我却很有利，让我变得十分有主见）

　　于是，顺顺当当，我第一批加入中国共产党。回忆起来，我简直不敢相信：我居然已是党员。

　　那年对你的爱，有一个缺点，那就是太感性太疯狂了。一是因为没有经验；二是因为自己的心性还没有成熟——这是最主要的一点，是最后才发现的。于是，我们又有了热恋的一个月——可是只见

在空军飞行学院当上了区队长的王伟

了三次面我们就吵起来了，就因为对你的爱太感性太疯狂，使我差点又失去你。

　　但是，事实上那一次的事件，我们也是可以理解的。因为军人的特殊身份，让我觉得自己的爱情应该是与众不同的。我过多地考虑了自己的一面，没有站在你的一面想一想：她的环境与我不同，周围肯定有很多优秀的异性；她是人，一个年轻漂亮的女人。我不情愿地原谅了你，带着失望小心翼翼地离开了你，又一次踏上征途。于是1988年是我最痛苦的一年，却是我变得成熟、变得理性的一年。

　　你给我写信，提到一位男同学，提到沙龙，提到春游，更加让我失望。但我一直又没有决心离开你，对你又很不信任。我感觉自己太无用太掉价。我拼命地看书，拼命地学习，我决心要用自己的"质"、用自己的"量"征服你。终于，我成功了，教导员发现了我的演讲才能以及交际能力，让我当了团支部书记，并选我当大队团支部委员，分管文件事务。又一次，因为你，我进步了一次。

接着就发生了"12 月 20 日事件"。事件的因果我也与你交代多次了，不必多谈了。总之，这让我学会了理性地爱你，让我认识到了你在我心目中的地位、我在你心目中的地位。又一次，我感到自信。因为这世界上有人也疯狂地爱着我！

带着你给我的自信，带着书本给我的理性，我又要踏上征途了。

从此，精神有了寄托，有了安全的寄托——用不着你的表白，我内心已深信：你不会再离开我，我们不会再分离。未来，我们肯定会白头偕老。有了安全感，无论发生任何事，我都不会感到寂寞了。

又要点名，我就写到这里。这封信分了两段时间写，可还没有完工。我们下回再谈。

你的伟

1989 年 3 月 26 日

阿伟：

　　这首诗是勃朗宁夫人答应了勃朗宁的求婚之后，献给她丈夫的诗。这首诗描写了勃朗宁夫人在爱情面前的复杂心理，抒发了她对勃朗宁真挚、热烈的情感。

　　"舍下我，走吧。"诗一开始，就爆发出这含泪的乞求。"孤独"的"劫运"，她竭力"约束自己"，但这又是多么痛苦啊！那违心的乞求，不正流露出她无限的深情吗？那"葡萄与酒"的贴切比喻，"难分的身影、心灵、脉搏甚至眼泪"的描绘……朝朝暮暮，起居和梦寐里，无时无刻不在一起，他已经成为她生命的一部分。情之深，爱之笃。

　　我非常喜欢这首诗，深情之中流露出一丝沉郁，这更显得热烈深厚，真挚动人。我佩服勃朗宁的感情，他使长期卧床的女诗人恢复了健康，创造了奇迹。阿伟，你一定知道勃朗宁夫人的。勃朗宁夫人这首诗的挚诚感情也表达了我对你的感情，我爱你。看了你寄来的报纸，我思绪万千，做一名飞行员的伴侣是多么不容易啊，她要承受多少个人和家庭的困苦。飞行员的心像岩石般坚硬，但又像海绵般柔软，我是爱你这颗心的。我怎么能让你一个人去漂泊，我要你带着我火一般的心去闯天下，追求你的事业。你不是孤独的异乡人，我的心永远陪伴着你，我最最亲爱的恋人。

　　……

　　舍下我，走吧。可是我觉得，从此我就一直徘徊在你的身影里。在那孤独的生命的边缘，从今再不能掌握自己的心灵，或是坦然地把这手伸向日光，像从前那样，而能约束自己不感到你的指尖碰上我的掌心。劫运教天悬地殊隔离了我们，却留下你那颗心，在我的心房里搏动着双重声响。正像是酒，总尝得出原来的葡萄，我的起

阮国琴写给王伟的信以及摘抄的勃朗宁夫人的诗（部分）

居和梦寐里，都有你的份。当我向上帝祈祷，为着我自个儿，他却听到了一个名字，那是你的；又在我眼里，看见有两个人的眼泪。①

你的琴

1989 年 4 月

---

① 《白朗宁夫人抒情十四行诗集》，方平译，四川人民出版社，1982。白朗宁夫人现多译为勃朗宁夫人，本文统一改为勃朗宁夫人。

坚定信念

琴琴：

　　上午刚给你写过信，剩下有点空，又给你写信。今天，我没有收到你的信，你的信对我来说意味着什么，我想不必再告诉你，你也明白。两年的分离是我们理智地相爱、深刻交流思想的好机会。他人很少有我们这样的机会。所以，他人不可能那么深地体会爱情，体会分离的痛苦，享受相聚的那种甜蜜。等我们再相聚时，你我都会懂得这份爱的珍贵，都会好好珍惜这份来之不易的爱。

　　我要给你多写信，因为我知道你爱我，你需要我的关心，因为我也希望你多给我写信。我要用我的笔去吻你、去拥抱你、去温暖你，去表达我对你的深情、对你的爱护、对你的关心，我要让你明白，今后我会像我所写的一样珍惜你。同样也希望你能对我更关心一点、更理解一点、更体贴一点。对于你，我希望很大，因为我已不可能再爱第二个，因为我有你已相当满足，因为我发现你对我也满意，也已经爱得不能自拔。

　　你给我的每一份爱，都是一份安慰、一份自信、一份奋斗终身的力量。有你做我的伴侣，我是如此幸福，如此甜蜜。我希望你也用你的笔来告诉我，你也会像我写的一样，来吻我、来拥抱我、来温暖我。我需要你的关心、你的体贴，更需要你对我的珍惜。我对你叙述过我的爱情观，我会只爱你一个，永远只爱你一个，也希望你同样如此对待我……

　　琴，我再强调一点：你多理解我一些！你不要认为我只会吹牛，不要以为我生活得很舒服——我的烦恼、我的辛苦你想到过吗？一个人出门在外，往往是报喜不报忧的。取得一点点成绩，就会马上告诉家里，让远方的亲人放心，然而遇到天大的困难、天大的挫折，却只能埋在心里，一个人默默地承受，慢慢地"消化"。——这些你理解吗？多少日日夜夜，吃了多少苦，受了多少气？在我告诉你我入党时，你可曾想过，没有我日日夜夜的努力，没有辛勤的劳动，这会可能吗？我要多看些书，又怕伤了眼睛；我多练练身体，还要注意不过量，几乎每时每刻都有被淘汰的可能……

我说了那么多，不为别的，只是希望你理解我。不是我王伟独自"消化"不了，而是希望得到你的体贴，希望你珍惜我，让我觉得自己并不孤独，并不寂寞。

我还要告诉你，让你放心，3年的军校学员生活，不仅锻炼了我的身体，不仅让我认识了世界，更让我寻到了一个正确对待世界、对待人生的方法论。这真正让我独立了，在精神上独立了。孤独、寂寞已经成为习惯，吃苦已经成为某种程度上的"爱好"，我甚至希望多吃些苦，因为这样更能锻炼我的意志，更能让我深刻体会生活的含义。

琴，放心吧，你的伟会好好干的，为你为我，为我们今后能昂首阔步地生活，我会好好干的。天大的困难，也压不倒我！

然而话又要说回来，无论我多么不愿意失败，多么渴望我的飞行梦，然而一旦我被淘汰，那怎么办呢？我的琴还会继续爱我吗？当我以一个失败者的形象出现在你面前时，你会继续给我温柔的吻吗？我不愿再想，不敢再想。可我希望你告诉我，告诉我你会的，会继续热烈地吻我、爱我、拥抱我的，不管是失败者还是成功者，只要是王伟就行。你能这么回答我吗？告诉我，快点告诉我！

王伟寄来一张在长春的雪地里拍摄的照片，向阮国琴表明追求理想信念的坚定决心

慢慢地，慢慢地，小学、中学、军校，我一步步走来，我有时是觉得很累的，多想停下来休息一会儿啊！可是，理想在召唤，爱人在等待。我不能放弃我的理想，不能让我心爱的人失望。我要坚持！坚持！再坚持！我要奋斗，奋斗终身。奋斗！奋斗！再奋斗！我的琴，你感受到你的伟的一腔热血了吗？你感动吗？难道你不为有我这么一位爱人感到骄傲吗？回答我，快回答我！

你的伟

1989 年 4 月 10 日

阿伟：

你好！李大钊说："人生的目的，在发展自己的生命，可是也有为发展生命必须牺牲生命的时候。因为平凡的发展，有时不如壮烈的牺牲足以延长生命的音响和光华。绝美的风景，多在奇险的山川。绝壮的音乐，多是悲凉的韵调。高尚的生活，常在壮烈的牺牲中。"①

我们虽然没有绝美的风景，没有绝壮的音乐，也无壮烈的牺牲，可我们为了各自的前程和事业，牺牲了欢聚的幸福，饱经感情的考验，忍受离别的痛苦，爱得很苦。伟，我知道你很爱我，为了你的爱，我愿意忍，也愿意等，你放心吧！我还是你印象中的小女孩，就算会变得更成熟，更美好，我也永远是你的琴。伟，我希望你快点成熟，希望你能像哥哥般地关心我，像朋友般地理解我。

伟，很高兴你真爱上了飞行。为了个人的幸福，牺牲自己的前程是愚蠢的。我理解你，只希望你所爱的是驾驶好飞机，要安全，知道吗？为了我。伟，我是否很自私？跟你相比，我是幸福的。我要关心、帮助你，你有什么不称心或担心的事要告诉我，知道吗？晚安！

随信寄给王伟的阮国琴照片。分离期间，阮国琴在信中表达了对王伟的深爱、为爱坚守的决心

你的琴

1989 年 4 月 20 日

① 《回忆李大钊》，人民出版社，1980，第 22 页。

勇于攀登

我的琴：

"攀登的路"是很艰苦很漫长的，但是，当攀登者听到山脚下情人的鼓励时，他就会忘记劳累，他就不再会感到孤独。他的信心、他的力量会呈指数级增长。——可是，这山这路上，有太多不测……

我常常感到很累，常常想躺下来小憩片刻。可是不能，我的理智告诉我不能！要坚持、坚持、再坚持！于是，3年多就这样一步步过来了，意志在无意中受到了磨炼。可是还有多长、多远、多少险阻啊！谁都无法回答我，因为谁都没有经历过。

王伟时常备感压力却又坚定理想信念

慢慢慢慢地我意识到了，只能靠自己，一切必须靠自己！琴，你理解吗？现在的我除了拥有一个后知后觉的头脑，除了拥有一双已长满老茧的手，除了拥有你给我的装满行囊的爱，其他一无所有。在我面前就只有一条表面铺满彩色，地下却有无数不测的路。

琴，不要怨我的多心。我敢肯定，你没有想到过，也不可能体

王伟写于 1989 年 5 月 5 日的信

会过，或理解这条路的"不测"。

　　琴，也许你又要生我的气了。可是，这一切现在的你还无法理解。我只想对你说一次，然后希望你把它们忘了。我发誓，不穿着飞行服决不来见你，不拿着军学士的学位决不见你！

　　只求你，当我失败的时候，当我无颜见江东父老的时候，当我没有自信心见你的时候，不要忘了我，不要看不起我……希望你……

　　我的飞行梦！——对着月亮我喊着。

　　月亮在哪里？

　　天上布满乌云。

5.5 阴沉的一天

伟

阿伟：

你好！在今天这个晴朗的月夜里，我不再心静如水。纷飞的长发，抒发着无数个黑夜里默守的相思。透过茫茫时空，你的眼睛明亮如初，你的笑容温馨如初。无数个日日夜夜，总是盼望着你的影子归来，留住你，可你却坚决地不回头，充满信念地追求你的理想，温柔地对我说："我的爱人，耐心地等我。"留不住你，也不想留你，因为你的那一半，也是我的一半。我们的精神生活是相通的，我们的爱在锻炼我们的毅力，我们的爱在陶冶我们的情操和修养，我们都需要在不同的未开垦的处女地中寻找自己的角落。我们的目标是同等的，所以我们谁都离不开谁。

爱支配着我们的精神生活，爱充满着青春的热血，亲爱的，拿出你智慧的思想，去刻苦地钻研，努力地攀登吧！当你考试失败时，请到图书馆去；当你考试狂喜时，请到图书馆去。一生总有许多成败，面对成功不要自傲，面对失败不要气馁，有失败必有成功，有成功的地方就必有失败的地方。对于将来的命运，不管会有勋章还是遇到不测，都不要想得太多。一个人为自己将来的生命担忧是愚蠢的。既然你坚决地要走这条路，就应该准备去冒险，死并不可怕，可精神矛盾是死敌。有了毅力，有了激情，任何困难都会迎刃而解。铺满彩色的路，有"狡诈"的背景，布满无数"不测"的路中有艰辛，这需要意志，需要忍耐去克服。你的"不测"也是我的"不测"，所以我不能让你想到"不测"。我崇拜你的理想，我要为你的意志鼓气。

如果有一天，你觉得自己实在累了，追求到极点了，我不会怪你，更不会看不起你，因为你已尽了自己最大的努力了。所以，请不要对我说无颜见江东父老之言，我是敬佩你的；但如果你没有自信心，为了我而放弃，我会责备你，看不起你，因为你没有男子汉的气概，没有坚强的毅力。多少个日夜，我听到了你深深的呐喊："我的飞行梦""飞——行——梦"。多少个月夜，星星对我眨着眼睛，告诉我你的矛盾、你的汗水、你的上进心。"月亮在哪里？"我要高声地对你说："在你的心里，你的心——里。"天上缀满朵朵白云，轻柔的云啊，带去一个无言的承诺吧！

你的琴

1989 年 5 月 15 日

期待美好的未来

琴琴：

今天收到你两封信，很高兴很高兴！就该这样，推心置腹地跟我谈思想，谈你的观点，这样才是理智的交流！

两年的分离，似乎太不近人情了。要说命运给你我的已经够慷慨了。苦吗？是的，很苦！要与情人分离，要忍受相思；要忍受常人难以想象的寂寞枯燥；要忍受许多许多！但是，未来是光明的。所以，在这样的一个环境中，为这样一个美好的明天而奋斗也是甜的。

两年，两年算什么？两年里你我都很充实！我们有忠贞的爱情，有各自的奋斗目标。两年的时间还给了我们一个理智交流、理智认识对方的很好的机会。写两年的信，两年的情书，别人无法领会其中的乐趣。当我收到你的信，当你收到我的信的时候，那种激动，无以言表！

还有，我们肯定会有相见的一天。当我踏着胜利的步伐来见你的时候，那种激动，你能想象吗？只有体会，亲身体会了才明白。只有我们才有可能体会……

琴，我们是很伟大的一对，我们只有 21 岁，但是经历的事却已经很多，想的问题已经很远很深，做的事已经很成熟。这是我们的爱情锻炼了我们，且只有这样的爱情才能锻炼出这么伟大的一对！

琴，这三封信让我再一次理智地分析了你——你，不再是一个幼稚的女孩，而是一个相当有思想的女人。当然，还带有一点可爱的稚气，永远不会抹掉的孩子气，让我爱得发狂的孩子气！

我要把我的一切——我的一切已经托付给你。此生，不可能再会有第二个人了解我这么深，我不可能再有精力、再有热情去注意第二个——不可能，绝对不可能！

我的琴太美太美，太可人太可人，不能不让我想她，不可能！

我的琴，请放心，我绝不会有任何不测。我会小心，非常小心。为我，更为你！你可知道，当我听到你说"此生终于找到了一个可终身相许的男人"，而这个"男人"指的就是我的时候，是怎样的一种感觉啊！

我感到肩上的担子很重。我要在给你忠贞的爱情的同时，给你"面包"，给你"光荣"。一条路铺在我面前，走过去才会实现我的愿望，疼你的愿望！

我的琴，我会疼你，直到老！

你的伟

1989 年 5 月 25 日

训练后休息期间的王伟

文艺青年

琴琴：

今天又是星期天。

外面已经很热，太阳晒得柏油马路又黑又黏。去军人服务社买来一袋洗衣粉，把体育课上汗湿的衣服洗了。然后，看一会儿书，做一些作业，弹会儿吉他。

"五四"的时候，我参加了学院直属队举行的文艺会演。开场的百人大合唱是我指挥的。电视台来录了像，当晚在新闻节目里播放了，把我们军校大学生的精神面貌体现出来了，压轴的现代舞也是我的节目。这一天的演出，我发挥得很好，得了一些牙膏香皂之类的纪念品。这么一来，我也就在飞院出了名，许多战士要我来教跳舞。

琴，我们相爱，交流许多，虽然我发现你对我的了解还有片面性，但是随着我们相爱的深入，慢慢你会了解我更多的。我有点儿担心，你是否能对我爱屋及乌？你应该知道，我这人最大的缺点就是太清高。清高表现在与人交往中，就是傲气；表现在择偶的过程中，就是要求苛刻。

我是尽量在改变自己，可是免不了会得罪一些人。可是很奇怪，在你面前，我的傲气却马上不见踪影了。你可想过，这是为什么？爱是很奇怪的，爱是无法解释的，我对你的爱就是这样。

多少个日日夜夜，我感到自己的心在呼唤你。牛郎织女般的生活太痛苦太痛苦！这痛苦，给我一个与之相衡的反作用力，推着我去奋斗。我一定要实现自己的飞行梦！一定！

多才多艺的文艺青年王伟

　　爱情，对我来说就意味着你，琴琴。一颗稚气善良的心，一张洁白无瑕美丽的脸，我向往的，你都拥有。我感到兴奋，为不远的将来我们能够开始朝夕相处的生活而兴奋！我发誓要好好爱你，一定要好好爱你、疼你！我懂得怎样爱自己娇美的爱人，也懂得怎样尊重爱人。我的爱人！又一次，我激动起来，因为想你而激动。我要对着宇宙喊：我爱阮国琴！我画一架飞机给你……

你的伟

1989 年 6 月

军校的学习和生活

琴琴：

　　首先告诉你一个好消息：我在飞行学院的理论学习全部结业了。我的成绩不算太好，也不算太差。从 7 月 3 日开始，我就要接受上机前的政治教育；7 月中下旬，即下团飞行；预计 8 月下旬，我就能开飞；10 月即能见分晓，我到底能不能放单飞。我的琴，也许你是理解不了我此刻的激动心情的。

　　7 月 1 日，我们搞了一次党员民主评议，大多数人都认为我是一个合格的共产党员。我的琴，3 年前你能想得到我在 3 年后会变成这样吗？命运给我的恩赐真是太多了！这几年来我总是很顺利：说要当飞行员，我就真的当上了；我第一批入了党；我找到了你这样让我满意的好未婚妻。相信未来我也不会很差的。虽然我现在穷一些，但我的脑瓜并不"穷"，我的机会并不"穷"。我甚至还有希望当航天员！我的琴，难道你不为我的前途充满了希望而高兴、而自豪吗？

　　当然，希望是希望，更重要的是自己的努力。有你盼着我，我有足够的信心去奋斗！一句"哪怕等你两年、三年，甚至六年，也不枉费心机"，给了我多少力量、多少信心啊！我的琴，我还要重复：没有你，我不行！许多许多对明天、对未来的构思，都已把你包括进去了。没有你，我的一切将会失去平衡——不，你不会离开我的！我深信。因为你爱我，同样，对我充满信心。

　　我的琴，你要珍惜我。21 岁了，我们都 21 岁了。我可对天发誓，我只有你。只有你，吻过我，抚过我；被我吻过，被我抚过。

我们的爱是纯洁的，是发自内心的，是情不自禁的。这样的爱，这样的忠诚，正是我情窦初开时希望的。你的温柔，你的体贴，你的文静，正是我梦中白雪公主的样子。美丽的你，在我心目中简直是一个天使。我不在乎你身上的某些缺点，一点也不在乎。我就要你这样一个自然的琴琴，自然的！

指导员给我一个评价：太傲气！

我并不在乎他对我的印象如何，但这件事反映出来的问题应该引起重视。但是，我并没有忽视人家某些地方的特长。——正是这样，肯定自己，吸取别人的长处，我才在不断进步。

当然，我给指导员留下那样的印象毕竟不是件好事。今天是星期天，我还是遵照以前的"公式"：洗衣服，踢球，冷水浴，睡觉。

7月10日，学院的游泳池就开放了，以后半个月的体育课将全是游泳。许多山东、山西的学员不会，而飞行员必须会游泳，以后还要训练"水上救生"。飞机在海上被击落或失事，飞行员跳伞后就会落入海里，因此，飞行员必须得懂水性。这方面，我有得天独厚的条件。5岁时，我就会游泳了；三年级的时候，我还从潘公桥的桥耳朵上往下跳过。小时候，我是很胆大很淘气的。

集合了！明天再写。

你的伟

1989年7月3日

月亮·酒窝·妻子

某年某月某日某个时候
我落进她平常人看不到的酒窝
半醒半梦中永远记住了她对我说她就是月亮

我穿过太湖　渡过长江　跨过黄河　走出山海关
却走不出她本来没有但却醉了我的酒窝

我飞上大兴安岭　飞得比珠峰高出一个道场山
就是她的月亮还在头顶看着我
我只想醉死在她只我一人亲过的酒窝里……

王伟写给阮国琴的诗
《月亮·酒窝·妻子》

最崇高的敬礼

阿伟：

　　亲爱的，静下心来给你写信，是一种享受。人的一生是短暂的，但在一生中能够经历几次冒险的探索是无比刺激的。伟，你是幸运的，你在曲折的道路中，踏着坚毅的步伐，闯过一道道关卡，克服自己的弱点，来到理想之门，这是对生的渴求，对死的鄙视。

　　我的伟是不怕生命的挑战的，我的伟对危险是毫不畏惧的，我的伟在放胆地追求梦寐以求的理想，我为你祝福。8 月 15 日的成功与失败是不可预测的，伟是一定有足够的信心完成这一次难忘的飞行的，我的伟会成功的，这一点琴比较自信。

　　伟，镇定一些，不管是失败，还是成功，都要拿出自信，尽你自己最大的努力去冒险。即使失败了也不是一个失败者，何况我的伟有必胜的信心，是能够战胜弱点、勇敢地闯过这一关的。

　　伟，我真的很敬佩你们战士，因为你们是人民的保护神，祖国需要你们，人民也需要你们。为了我，也为了千千万万的父母兄弟姐妹，我们吃一点离别之苦，算不了什么，算不了什么的。对我来说，这是一种爱的奉献，对军人崇高的爱，我希望你能够成为一名真正的军官——有毅力、有气魄，对困惑和危险毫不畏惧的王伟。伟，向我行个军礼，我深深地望着你，你是一名军人，我爱你，军人！

　　伟，用你执着的热情，用你理解的渴盼，去探索蓝天吧！勇敢地迈出走向未来的第一步吧!

最崇高的敬礼!

（最好的生日礼物是你的凯旋!）

你的琴

1989 年 8 月 7 日

飞行员的必修课

琴琴：

今天是地面准备的考核，我们学院专门从锦州派来考核小组，带队的是大校副院长，我发挥得很好，得了5分。后天，就是你的生日，也将是我第一次飞行的日子，我会飞好的，一定！

今天中午，我吃完午饭回来，教员把你的信送到我手上，他问我绿叶是谁，我骄傲地说是我对象——是的，我有个好对象！我感到很满足很骄傲。存在于这个世界上，两件大事的"头"都开得那样好：事业、婚姻。这就是说，我这一生将是辉煌、幸福的！我的琴，我的爱人，我会珍惜你的，就像我珍惜我这份追求一样珍惜你。

驻在远离都市的地方对我来说太有利。我是"热血型"的，在这样的环境里冷却一下自己，对自己的进步是很有好处的。别人羡慕我，但我并不骄傲，并不头脑发热，因为我知道自己缺少的还很多很多（离开锦州飞行团那天，理训处的文职教员来送我们，其中一位年轻的助教，他曾与我一起参加过歌舞大奖赛。他说羡慕我这么年轻又有才。我告诉他，年轻值得骄傲，可这"才"仅仅是初级的，只是娱乐的、业余的，真实的"才"应该是专业的，对社会有用且有所贡献的。他点头），要使自己"不是为了吃世界，而是为了改造世界"是要付出的，要付出许多的。今天我离开父母，离开你，我的爱人，只是这份"付出"的一部分。首先，我要成为一名飞行人才，要付出许多；当成为特种人才以后，将付出更多。

政委给我们搞了一个有关婚姻恋爱问题的教育课堂，要求我们要做到两点：一是要处理好事业与爱情的关系；二是要谅解自己的家属。飞行员的职业特点决定了他们对家的照顾不能像普通人那样，所以要求他们的爱人应该是理解他们、体谅他们的，这样，爱人就一样会很辛苦。互相理解、体谅，是飞行员爱情的一项要素。

……

对于当前的形势，真想不到我的琴会有那么有说服力的观点。我作为一名共和国旗帜下成长起来的空军战士，一名共产党员，对这个饱经风霜的祖国，更多的感情是忧虑。

熄灯的时间又到了，下回给你写。我爱你！

你的伟

1989 年 8 月 16 日

第一次飞翔

琴琴：

一周没给你写信了，不要着急，听我慢慢讲。

原定 8 月 18 日开飞的，因为天气原因，推迟到了 8 月 23 日。这一周，一共飞了 3 天，累计 4 小时。第一次体验飞行，带我的是大队长，一名特级飞行员。我体验飞行，简直不可思议，想不到我的身体原来那么好，一点反应都没有，就像坐汽车一样。大队长拼命地做特技、筋斗、横滚、爆旋，他非但没有看到我难受，自己反而有些累了。短短 40 分钟，给了我无比强烈的刺激……

第二次是教员带我的，学习平飞、上升、下滑、转弯。虽然下面是著名的自然景区，可我并没有精力去欣赏美景，全部的精力都放在飞行上了。机头天地线、速度升降表、航向、坡度——我的注意力就这样分配着，目光来回扫视仪器和机头与天地线的关系位置。功夫不负有心人，我第三次上飞机，平飞、上升、下滑就基本掌握了，还有一些剩余的精力看了看风景——这湖这山多美啊！原来，"梅雨潭的绿"就在我脚下了——飞行，我的梦。现在，这分明已是现实，是实实在在的一项活动了呀！（这是真的吗？真的！）

下周一，就是起落航线带飞练习了。这是最基本的科目，也是最难掌握、最关键的科目。老飞行员形容着陆：就像投篮一样关键。要让飞机不受风的影响，平稳、精确地落在跑道"T"字布的正侧方，即使是大队长那样的特级飞行员，也不能做到十全十美。所以，掌握了这个科目要义，才能算掌握了驾驶飞机的技能。事实上，特技、仪表、航行等科目，只要身体适应，在动作上是比较简单的。

王伟完成了第一次飞行

因此，对我来说，飞好这个科目，是相当关键的。飞好它，不是说一句坚定决心的话就能办到的，必须付诸行动，地面苦练，空中精练。（感觉飞行的成功，给了我必胜的信心，我的琴，我会给你最好的"生日礼物"的！）……

为了实现自己童年那个美丽的梦，为了练就一身保卫祖国、保卫父母兄弟姐妹的"武艺"，与心爱的情人分离两年，又有什么不值得呢？想一想，我们的人民给了我这么高的待遇，寄予我这么高的希望，我有什么道理放弃这样的追求而沉醉于儿女情长之中呢？

——我的琴，你是理解我的。怎么可能不想见你？爱你有多深，只有云知道，只有这脚下"梅雨潭的绿"知道！

——云儿云儿，飘回南方的云儿，带去我的思念，带去我男子汉的热情，告诉我可爱的情人，我想着她，念着她，恋着她……

我在周四飞完最后一个位置，小通讯员就送来了你的两封信。我的琴，你真太美太美了！（只想出这个词赞美你的美——这是怎样一种美啊！）你将是我的妻子，将是我一生的伴侣，是吗？让我轻轻吻你，吻你这个 21 岁的小女孩儿，我心爱的小女孩儿……

——满天的云，没有星星，但我看到了月亮，我心中的月亮。我的情人，我的琴，像月亮一样，纯洁、美丽、善良、可爱！

——我的琴，经过几次"爱情的暴风雨"，我们的感情也已经成熟了。这是建立在一种心灵与心灵的相通、一种和谐、一种理解之上的健康感情。两年的分离，增进了我们的理解，增加了我们相互的思恋。我们一定会结合的，一定！

——我带着云的气息，带着飞机的力量，给你一个深情的吻……这吻包含着什么？回答我。

你的伟

1989 年 8 月 26 日

目标远大

琴：

几天没有给你写信，也有几天没有收到你的信了。

今天是节前教育，下午就开始休息了。

飞行团的生活是有张有弛的。休息时，可尽情地玩，玩个痛快。……台球室有台球，俱乐部有游艺机，有录像，也可到棋类室下几盘棋，去体育场玩一会球。

一到飞行日，一切就开始紧张了。早上很早就起床，做好飞行前的各项准备：体检、地面预习，然后是体育活动，满身大汗后去澡堂洗个澡，再呼呼地睡上一觉，然后就去机场，翱翔在祖国的蓝天。现在已进入到单飞阶段，在空中再也没有教员的指点以及偶尔的批评，甚至用驾驶杆打我的腿，只凭自己的勇气和力量，飞翔飞翔！

前几天，就是放单飞的第二天，我在飞行中险些出事故。因为风向改变了，跑道也随之换了方向，因为自己在空中太得意，所以看错了跑道，险些降落在另一条跑道上。好在我发现得早，用了浑身的解数，在五十米的低空飞了个小航线，并且着陆动作还非常标准。教员既恨又爱，因为在这样的超低空飞行后再对正跑道是很不容易的，即使是教员在没有训练过超低空飞行前，也不敢做。这一回，不仅体现了我成熟的心理素质，也看出了我的操纵能力有相当大的潜力。虽然挨了一顿训，心里却还是很高兴的。

没有你的消息我是寂寞的。在这样的山沟里，几乎看不到外面的世界。在这样一个小小的世界里，只有飞行才是最有情趣的。当我从空域里返回，看到"巴掌"大的一块机场时，心情是怎样的啊？！原来我已经是一名能够驾驶初教机的飞行员了！……

前面的路到底怎样，那是个 X，是个未知数，只是这个未知数有些像 π 那样，非常神秘，非常有诗意。等着我的有更新更先进的飞机，有更高的海拔和更快的速度（飞过超音速战斗机的老飞行员说，在飞行速度超过音速以后，飞行员将进入一个神奇的境界，四周将静得没有一点声音。这是怎样一种境界啊！后年，我将体会它）。

像所有人一样，我有自己的人生哲理。虽然今天的我已经有足

王伟写于 1989 年 9 月 29 日的信

够的资格感到骄傲，但是离我自己定下的目标还有很远的距离，很远！也许我是个野心家，但真正有作为的人都应该是一个野心家。琴琴，慢慢地，慢慢地，你会发现你的伟的不平凡。

想你是时时刻刻的，即使在你让我最失望的时候。此生唯有飞行和你能左右我，你能置我于"死地"，飞行能置我于"死地"；你能给我最大的幸福和快乐，飞行也能。我爱飞行事业，同样爱着你。感情上，爱你胜过爱飞行；而理智上，我爱飞行要比爱你更甚。这就是我目前（也许是一生）的主要矛盾，以及它们的辩证关系。我的琴，你能理解吗？我想你会的，一定！

两年的分离是痛苦的，但是两年中我们都在为实现自己的价值而奋斗，所以是很有意义、很有风采、很浪漫的一段分离。我的价值目标，当然是成为一名合格的学士飞行员；你的价值，我想应该是使自己成为一名具有丰富的内在美的淑女——也许，我的这段理论有些"大男子主义"的味道。但是，你说过你爱我的"大男子主义"。所以你应该肯定我！

我爱你，这已是很深很深的一种情感了，印入我的历史，永远抹不去。我爱你，同时期待着你，能够早日成熟，早日丰满起来，在心理上成熟起来，在本质上丰满起来。我等着你，等你一辈子。

你的伟

1989 年 9 月 29 日

有用之才

琴琴：

我的琴，看完你的信，就有一个冲动——马上回到你的身边，拥住你吻住你，让你感受我对你的认真——是的，我们爱得很认真、很认真，太认真、太认真！

我爱你，爱得很认真、很认真，就像我学习飞行一样！

9 月 29 日的信上的话，还停留在一个模糊的思考阶段上。可以看一下，原谅我其中的某些话。我的琴，你知道吗？我有多少话要对你讲啊！可是我的处境是那样的特殊。就算每天给你写一封信，也不算过分，但是理智告诉我要控制自己的感情。

处境：放完单飞，我已经完成了 20 个小时的单飞任务。平时可以稍微放松一些，但是还是相当紧张，尤其是飞行日，几乎没有空闲的时间，而且很累。另外，大队长、政委都注意到"绿叶"来信偏多。他们找我谈了几次，我老实交代，并答应他们告诉你少写信。

以后这么办，你每周给我一封信。我们要求信的质量不求数量。理解我的意思吗？我仍会经常给你写信的，这一点你要放心。要是没有我的信，千万不要着急，不要犯我的毛病。首先要放心，我在一个偏远机场，边上只有一个小村庄；其次要放心我的飞行，更不会有什么事情的。等着我，就像现在这样等着我。我理解你，我心疼你，我爱着你！

两年中，我不会辜负你。我会飞好我的初教机，做好这个蓝色的梦！

飞行情况：我是第一批，也是本中队第一个单独飞上蓝天，然后安全着陆的。一位中校副大队长与我教员的谈话让我偶然听到了：

在空军飞行学院时的王伟，其手中水晶球为阮国琴所赠

"63号是块好料子。"（63是我的代号。在飞行训练团，教员永远不会表扬你，学员听到的永远是"批评"。）教员的脸上露出同意的神情。原来，我是很有前途的飞行人才了！自豪之后，我告诫自己：不能骄傲。

还有许多许多话。下回再写给你。

你的伟

1989 年 10 月 3 日

先尽忠再尽孝

琴琴：

　　昨日，我匆匆写了封信，又匆匆寄了出去。

　　今天要举行 10 月份开飞前的动员大会。10 月份我将接受暗舱仪表的训练，计划上任务相当重。飞行就是这样，很辛苦，但很有意义，很有风采。

　　当你压一个 60 度坡度，做一个小半径转弯的时候，你会感受到怎样一种潇洒啊！而当你从空域完成训练科目，从 500 米的高度看到那块看起来只有球场大的机场时，又会有怎样一种感觉啊！那是骄傲，是一种在地面上无法体会到的骄傲。

　　飞行，我热爱！

　　我的你，我同样疼爱。爱飞行与爱你，是两种不同的爱。这两种爱，将左右我、将推动我、将伴随我一生！爱你，已是怎样一种感情了啊！深深的、重重的，几乎是死去活来的，更有许多认真，太认真，太认真！……每次想到你，我就会油然而生许多许多幸福感。

　　两三年的分离，你长大了。真的，你长大了许多。你学会了忍受，学会了深沉。军人的妻子就需要有这样一种素质，能够忍受寂寞，能够承受委屈误解。我的琴，你有今天的这种思想，我很欣慰，很欣慰！

　　马上又要开飞了，给岳父母的信看来要往后推一推了。你回信时可给我提示一下，该给他们写些什么，怎么写，重点是什么。我祖母你应该替我多孝敬一些。祖母是最疼我的，从出生一直到我当兵离家，没有一顿饭不是她给我做的。然而从我当兵到现在，她还没有花过我

王伟在山海关时的留影

一分钱。而且两年不能见她一面，即使她有个三长两短，我也无法回去。想想，我内心是怎样一种感觉啊！当然我有为自己开脱的理论，先尽忠，再尽孝，这才是钢铁男儿的气概。我的琴，你理解吗？

你的伟

1989 年 10 月 4 日

艺高胆大

琴琴：

今天终于收到了你的信，在我完成第三个训练科目之际。性急、沉不住气，是我的一大缺点。"人生有两出悲剧。一是万念俱灰，另一是踌躇满志。"萧伯纳的话，再有你用笔点上的六个小点儿，很深很重的小点，蘸着爱、蘸着真诚的六个小点。看着这六个小点，就够我思考一周的。我的琴，你看我好准！我佩服。

我远离你，走着自己奋斗的路，是漂泊？也是，也不是。真正的，我是在实现自己的人生价值。学习飞行，很浪漫，更多的是艰苦，艰苦我不怕，怕的是感情上没有寄托。我是幸福的，因为我被你所爱，被我所爱之人所爱，被我所爱之人关心，有我所爱之人等待，够了，有你。

爱的选择，真正之爱的选择，只有一次。几年的事实证明，我的选择是成功的。我也将用事实证明，你的选择也是成功的！

仪表、特技这两个科目的训练，在我个人来讲是不成功的，情绪化，这是我的又一个缺点。情绪影响了这两个飞行科目的训练。当然，相比较整个大队的同学来讲，我仍算成功的。只是有一点，就是过早地暴露了我的"胆大"。因为我的"胆"太大，所以在特技单飞时，大队长明确指示我只能在内层空域做动作。而对于胆小的战友，却偏要让他们去远程空域，曰"放胆"。

特技单飞是最刺激的，我一进空域就干了18个横滚。当时塔台的望远镜对着我，教员们都有些惊讶。所以，我身体好也就出了名。

下一个科目是航行，也要放单飞的。今天我们回来讲评完了，

王伟苦练精飞超越了那个平凡的自我

领航参谋长就送来了地理资料，让我们做好准备。如果不熟悉地图，很容易迷航出境，这方面谁也不敢有什么马虎的。

等航行飞完，就该下雪了。一个冬天，要学《国防经济学》等 3 本书。今年的进度比较快，看来明年 5 月底就能离开这里了。到底去哪里学习高教机，现在还是个谜。

两年后，我们将建立一个小家。也许在东北，也许在海南岛，哪里都无所谓。只要有一间小屋、一张书桌、一张床、两套餐具。你、我、一个家——闭上眼睛，想一想……我拥着你，屋里只有我们俩，只有我们俩。世界只有我们俩，我们两个就是一个世界！

你的伟

1989 年 10 月 28 日

期待相聚

阿伟:

当我知道你有要回来过春节的一线希望,你不知道我怎样的高兴,太高兴了!我把信读给奶奶听,她呀,高兴得怎么样,你猜猜?——她哭了。你这个宝贝小孙子,可让她挂念了。看到奶奶的心情,真让人有一种热泪盈眶的感觉。

我知道,这一线希望,仅仅是一线,回不回来还不能完全确定。谁不想家,当初我到上海培训,短短的几个月,想妈妈都快想疯了,不管哪里,家乡的亲人是最亲的。那时候,想妈妈、想爸爸都有一种

婚礼当天,王伟、阮国琴和王伟奶奶的合影

刻骨的心颤，何况你呢！一去就是一年，甚至两年，家里的事，亲人的身体，做儿子、孙子的怎么能不时时刻刻挂念呢！特别是对从小一手把你辛苦带大的奶奶，虽然你现在尽不了孝道，但无时无刻不在心里牵挂。亲爱的，奶奶你就放心吧！奶奶的身体还可以，平时常常到公园小亭散散步，活动活动筋骨。我有空呢，还去看望奶奶陪她说话，她不会孤单的。有时间，我会经常去看她老人家的。对了，一听到你要回来，她好像年轻了五六岁。伟，你可不要辜负老人家对你的一片期望，好好地练出一点本事，像个男子汉一样回来。

伟，我明白，如果今年你不回来，我也是满足的。因为你已给我了一种希望，一种再见你的希望。如果真的不能放假，那也是没办法的事，我不会因为你哄我而怪罪于你。军人的恋人应该有一种准备，一种随时分离的准备，她的爱是一种崇高的奉献，无私的感情。

伟，我会等你的。从今天起，我就会盼，一天一天地盼望日子快点过啊！也许你不会回来的，但我期待着你，盼望见到你，让远航的风帆停泊在温柔的港湾吧！

你的琴

1989 年 11 月 10 日

"锋芒毕露"的警示

阿伟：

你好！近日来，我一直在家织毛衣，靠在床上一边看电视，一边织毛衣，这是一种享受，因为是爱人的毛衣，每一针都是一份思念，想到穿在你身上会有温暖的感觉。我曾告诉你，我要织一套情侣装，这次是真的。很简单的式样，但非常别致、新颖，你一定会喜欢的。这套情侣装最好配两条白色的奔裤，你回来的时候，我们穿上它去晨跑，感觉一定好奔放。好了，我第一次打的情侣装会让你满意的，只等你回来！

阿伟，在这里我想给你讲个故事，希望你从这个故事中体会锋芒毕露的含义。

有一天，列子到齐国，半途又折回，他遇到伯昏瞀人，这位伯昏瞀人问列子为什么中途回来，列子曰："因为我心中害怕。"

伯昏瞀人曰："为何而怕？"

列子曰："我到十家卖浆店吃饭，有五家很快地送给我吃。"

伯昏瞀人曰："这又有什么好怕的？"

列子曰："一定是我内心诚静不够，举止轻浮，空有威仪，而这个空架势使人心服。卖浆者只是做小生意的人，就这样竞相争取我，何况万乘的君主？如果他也想用我担任国事，考核我的功绩，那我将怎么办？"

伯昏瞀人曰："你体察得很入微，你只要静居一处，自然会有人来归附你。"

过了不久，伯昏瞀人又去看列子。他看到列子的家门外鞋子排满了，马上就走了。列子看见伯昏瞀人立刻奔了出去，大声叫喊：
"老师，既然来了，为什么不指教我就要走了？"

伯昏瞀人曰："算了，我早就告诉你要含藏葆光，不要露了形迹！现在你让人来归附你，却不能使人不归附你，这便是你露出了与众不同的痕迹啊！"

阿伟，你能从这个《庄子·列御寇》的故事中体会到什么道理吗？想一想，再想一想，你能感觉出"光芒外露引来很多人，这是小聪明，而不是大智慧"吗？一个智者，是深谋远虑的，他不该因已取得的成功而外露自己，使人归服于他。因外露，他常常会遭到别人的嫉妒和自己内心对别人的困惑，也因自己的锋芒，常骄傲自满，在前进的路上，他就会进步得很慢，甚至停滞。锋芒阻碍了他静心修行，所以这仅仅是小聪明，成不了大智慧，也做不了大事。

阿伟，教官所指的锋芒不要太露，就是希望你能够静下心来，把这份热情放在钻研业务上，不要让徒有的虚名阻拦你的进步。那样你就没有时间和精力潜心地学习更深远的业务知识，你所发挥的仅仅是小聪明。你要静下心，研究专业知识，在机会来的时候，要把握住！

阿伟，我知道教官们对你很器重，他们对你寄予很大的希望，一山更比一山高，锋芒不要外露是最好的临别赠言。记住他们的话，衡量锋芒的利弊，不要辜负教官对你的期望，做个大智大勇者。我的伟，静下心，多看几本专业书，你会有不少收获的。

亲爱的，想想再过几个月又能见面了，我的心就有点儿跳起来的感觉，看别人天天见面，而我半年之后才能见到你，真不知道这

样的日子是怎么过来的。真是不可思议，对你的感情已这么深，只
感到对你爱得还很不够。亲爱的，多保重自己。

你的琴

1989 年 11 月 13 日

一朵芬芳的山百合

阿伟：

你好！在你的生命里，在你孤独的漂泊中，我是你生命中的一份营养，是你独行中的一个朋友。我爱你甚于爱生命，是因为你是一个坚强的男子，你对生活充满了自信而不是骄傲，你每取得一点成功，都是用几千份汗水和勇敢的斗志拼过来的，你的成功值得骄傲，从你的骄傲中也能看出你的成功。可你还需要努力，因为凭借真才实学取得成功，你才是真正的男子汉，才是最值得骄傲的人。

前进的路曲折而漫长，有时候你觉得走得很累，你的男子汉心灵不容许你向任何人诉苦，慢慢“消化”是你最坚强的借口。在你身边有一朵山百合陪伴着你，在风里、雨里、泥泞的山路上，这朵山百合从来没有离开过你。它是你走遍天涯的伴侣，有了这朵山百合，你才不会感觉一无所有。山百合开在你的心里，永远是你的；你的山百合，它为你开放，为你微笑，为你凋谢而死；它洁白地来到你的身边，也洁白地离你而去。

阿伟，你的成功，你的进步，你的果实，不能说归功于我，你获得的一切成绩都因为你的天赋和努力。你是一个意志坚强的人，高傲支配着你的一切；你内心燃烧着炽热和激情的火焰，只有在行动中才能泰然自若；你良好的体质和毅力才是你取得成功的源泉。

我是一朵山百合，一朵与人无争的百合花，静静地开放。它渺小而平凡，如果将来这朵小白花离你而去，比你先早早离开这个世界，请你千万不要孤独，它只不过是一朵平凡的花。你要再找一朵红牡丹或黄玫瑰陪伴你，使你的生活放射光彩。只有你的一生是幸福的，那朵山百合才会含笑而死。

阿伟，我想告诉你，你的奋斗，你的希望，你付出的青春不是为了我，是为你自己更好地活下去。你的成功也是属于你自己的成果，山百合只会同你分享，但这一切不能归功于山百合。

阿伟，如果我比你先走一步，你一定要认识到这一点，没有我你也会活得好好的，没有我你也许会找到更美的花。所以如果有一天我先离开了这个世界，请你多保重自己，不要伤心，请你再去找一朵更美的百合花。当然这只是一种"万一"，谁能保证将来没有"万一"呢，但我会好好保重自己，为你，为你的山百合……

你的琴
1990 年

山百合

与人无争　静静地开放
一朵芬芳的山百合
静静地开放在我的心里
没有人知道它的存在
它的洁白
只有我的流浪者
在孤独的路途上
时时微笑地想起它来

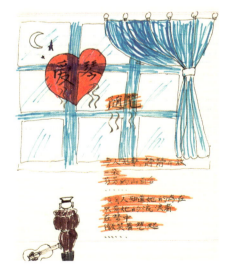

王伟将阮国琴所作的《山百合》
写进日记画成画

明月寄相思

阿伟：

　　新年已经悄悄地来临。今年春节，没有你的陪伴会挺冷清的。不知道这个年该怎样过？假如你不回来，我也满足了，因为你给过我回来的希望，现在，却有太多的失望。怎么能埋怨你呢！你自己又何尝不想回家呢？

　　伟，这些没有什么，一年不能回家算得了什么！军队是锻炼人意志的地方，军人就是一个响当当的军人！你不要在内心感到惆怅，不要抱怨没有五彩缤纷的世界，外面的世界也有很多的无奈，我们都要学得坚强些。

　　是的，我在安慰你，但更多的是对你的理解。我欣赏你的意志，正因为对你有太多的欣赏，我才更深沉地爱着你、等着你、想着你，太多太多……我已不能对爱下一个简单的定义了。我只想告诉你，如果这个世界没有你，我将不懂得爱情，我的爱将不存在。我对你已陷得很深，好执着、好执着。也许别人是不能理解的，也许别人会笑我："你能忍受寂寞吗？你是不现实的！"不，对爱的理解，不能以现实作为准则。

　　我不认为，对爱情执着的人，就是傻的。我不认为，爱情仅仅是两个人亲亲热热在一起享受生活。我不认为，爱情是建立在金钱和权势上。我不认为，男人对女人献上关怀、百依百顺就算是爱。

　　爱情需要太多太多的东西，更多的是奉献和理解，鼓励和促进，思想的沟通和心灵的共鸣，爱是很深的。只有当人懂得了爱，付出

王伟弹吉他遥寄对阮国琴的相思情

一颗挚诚的心，才真正值得被爱！

在这个大千世界里，有谁比军人更需要爱呢？军人忍受离家的痛苦、妻儿的分离、无尽的相思，有谁比他们更值得爱戴呢？有谁比他们付出得更多呢？而他们希望得到的是什么呢？只需要理解。他们为了谁去流汗、流血，为了国家、为了人民、为了安定的生活和和平的环境。最可爱的人是军人，最值得爱的是军人。

伟，春节我不会寂寞的。两颗心在一起怎么会有"寂寞"二字呢？遥远的你同我一样站在月光下，倾诉彼此的思念、节日的欢愉。不要太多地想家，我爱你，亲爱的，快快乐乐过个新年。弹一首曲子给我听，我会听到的，我也唱一首歌，你会听到的！心有灵犀一点通，在月光里吻你！想我的时候，看看我们两的合影！

如果你在梦中也会高兴地笑起来，那是我吩咐过月亮，某年某月的某一夜，给你捎去我的祝福！

你的琴

1990 年 1 月 4 日

蜕变

琴琴：

今天我的情绪特别好，也许是因为收到了你这封意外来信。我这个人就是这样，情绪一好，干什么事都不困难。只是注意力集中的持续性不够，但效率却很高。这不，我只集中了 30 分钟，背了将近 3000 字的政治题，就想休息一下了。品点咖啡，弹首曲子，然后再给你写信。

琴琴，你可知道，你在我心中的地位？我心中有许多许多话，总想找个机会与你讲个够，可惜我漂泊无期，两年多未能见上你一面。我只能用我的笔，来向你倾诉儿女情长，倾诉我对你的万分依恋。虽然离别了那么久，离你如此遥远，但是我的心，却未离开过你半步。

与其说我是偷你心的人，不如说是你把我的心紧紧地牵在了你的手中。你就像一个 12 岁的顽童，我就是你牵着的风筝，虽然远远地飘在天空，高高地俯视着故乡，但却挣脱不了你手中的情线——如果你松手，或者断了情线，我就只能漂在异乡，不仅不能再与风儿云儿做伴，而且有可能落入水中，或落进一堆大火，变成纸汤，或变成灰炭。琴琴，你可要把我牵紧牵牢，千万不能让我落入水中，或落进火里！

琴琴，在我小时候，每每看到天空飞来的银色"大鸟"，总会抬头仰望许久，直到它们渐渐离去，只留下一声声回荡在我童年梦中的呼啸声、霹雳声。今天，那银色的"大鸟"终于载上了我，在我的操控下能够做出各种各样的特技动作了，有时候真有"梦里不知身是客"的感觉，总觉得这一切不太像是真的。而事实上呢？这一切真的已变成了现实。

琴琴，当我们在一个窗子底下，你看到我时时处处调皮捣蛋的时候；当我骑着破自行车带着鱼竿，满脸汗水，在环城马路与穿着花绸裙子的你打招呼的时候；当我拿着照相机在善卷洞出口处，给你拍下那张你倚着小面包车的照片的时候；当你我在陆卫东家里偷偷见面，陆卫东在隔壁屋子里取笑我的鼻子是"对港货"的时候……你可曾想到过，这个王伟在 5 年以后竟然会成了一名中国共产党党员，一名中国人民解放军战士，一名翱翔在东北上空、鸟瞰大小兴安岭、鸟瞰长白山、鸟瞰松花江、眺望渤海湾的飞行员。

在我带着假日里一天的收获，虽然高兴，却很狼狈地与穿得漂漂亮亮、整整齐齐的你打招呼，却只得到冷冷一笑回报的时候，在我发现你竟然是善卷洞前最美丽的女孩的时候，在我远远看到你的走路姿态，像一个大姑娘而不像一般疯疯癫癫的小女孩的时候，我也不会想到，在我调皮捣蛋时常常指责我"假正经"的女同学，5 年以后竟然会与我相爱，并且相爱至深，无法衡量。

琴琴，这 5 年的变化太大了，你我之间的爱已太深太深。我的每一步前进，每一次胜利，都有你在其中。那时候，在环城马路广播站门前与你打招呼的那一刻，你在我心目中高不可攀。我只是一只丑小鸭，一个穷小子，一个空空虚虚胸中连一根竹笋都没有的小傻瓜。正因为你的高不可攀，我才下决心一定要走自己的路，一定要让人们知道丑小鸭原来不是一般的鸭子，而是一只小天鹅。

王伟和阮国琴合照

当我踏上北上的火车，离开养育我18年的故乡的时候，心中有多少遗憾啊！我为什么要欺骗自己！伤害你的同时也伤害了我。可是我没有勇气，一直没有勇气给你写信。命中注定我们要成为一对的，军校建校有史以来第一次让学员只当兵6个月就回家一次。如果我1987年春节回不来的话，我也会给你写信的。因为当我踏上南下的火车时，心中就有了这样的决心：一定要把你抓回来，把幸福抓回来，把我的偶像抓回来。终于，我如愿了，但是我发现我不能停留在这样的水平上。因为你，因为在你身上我发现了做一个真正男子汉的意义。一个热烈的初吻，一个疯狂的初吻，并没有软化我的意志，反而使我内心忽然意识到一种责任感，一种保护一名少女纯洁心灵的责任感。我的责任感，我的爱，在这一刻有了无限的内容。

漫长的路终于走下来了，在你的心灵的陪伴下，在你的激励下，我走下来了，走上了最艰难最困苦，也是最让同龄人羡慕的路。你我的爱情，也越来越深，越来越有新的内涵。我们的爱情，给了我们许多对人生的超前认识：爱情需要时间考验，分离是使爱情更加巩固的积累，孤寂是一种特殊的美，爱情能够让我们多一些思考……这是一般同龄人所无法真正理解和体会的！琴琴，让我们继续互相鼓励，使我们的爱情之苗早日开出美丽的花朵，结出丰硕的果实！

再见！（军礼！）

你的伟

1990年1月16日

随遇而安

阿伟：

　　你好！好长时间没有收到你的来信，我等待着、盼望着……今天终于收到你的来信，真高兴！

　　知你已离开大屯，来到现在这个机场，漂泊的你又有了一个安定的家。我知道，你是比较能够适应环境的，能够适应环境，一切问题都会迎刃而解，只要你努力，一定会取得好成绩。阿伟，辛苦点、累点没什么，这几年都熬过来了，几个月算得了什么？好好干！不要担心我。等你已经那么长时间，爱你已是那样坚定不移，再多的痛苦和等待也早已做好准备。爱本身就是一种付出，没有真正的痛苦怎么会更深地体会爱的含义？其实，等待并不是一种痛苦，痛苦的是思念，是孤独。有时候，我真害怕一个人睡觉，每次都会想起你。想你是幸福的，是苦恼的，是寂寞的。心里很想对你说："回来看看我，回来！"可我绝不会有这样的要求。你能够吃那么多苦，我等你几年算得了什么，只要你好好干，我再寂寞也是值得的。

　　阿伟，上几封信里，你谈到了我的许多问题。当然人无完人，你帮我指出，我是感激的。因为你在关心我，你在帮助我，缺点和优点本身不是矛盾的，而是相辅相成的。缺点，只要认真对待并努力去改正它，不就是优点了吗？我不喜欢别人多说我优点，怕骄傲、怕虚荣，优点变成缺点是很难改正的。阿伟，我喜欢你说我不好，那才是关心我，爱护我呢！说到家庭方面，你不必想得太多。我虽然在家里比较受宠，但我有自己独立生活的能力，至于家政预算，你更

阮国琴外出工作时留影

应该放心，我能够在人口普查中预算准 100 多户家庭 300 多口人，一个家庭的预算会怎么样，你说呢？

阿伟，人口普查的工作很有意思，今年的普查任务比前三次普查复杂得多，而且总结了前三次普查工作的经验，对身份证、户口簿、出生率、死亡率、妇女生育状况特别重视。对于外出的、外来的、出国结婚的、出国读书的也比较重视，而且核对的数据，准确率要达到 95%。当然，我国比较大，流动人口很多，像外出做生意，来去没有固定地点的，这些人是无法查准确的。我们这个国家要做好全国人口普查是比较困难的，但一切都会好起来的，因为我们的人民有责任感。阿伟，我大约在 8 月初回单位，具体时间现在还不清楚，知道了会马上告诉你的。我很想听你说话，哪怕半句话，我也会很高兴的。考试已经结束，现在放假，好空闲，多给我写写信。

你的琴

1990 年 7 月 19 日

奇妙的超音速

琴琴妹妹：

要是在以前，我也许会生气的。一个多月来，你竟然只来了一封信！

我把你当作小妹妹了，所以不会像以前那样生气。我会依然给你写信，想写就写，一有空就写，一有话就写。只是当我们见面时，我一定要罚你的，罚你唱歌，每少一封信你就须唱一首歌给我听。否则，哼！

昨日我飞高空特技，爬到 12000 米半扣下来作俯冲，一直俯冲到 5000 米拉起。忽然间，座舱里静得发奇，连我自己的心跳声都难以听见——琴琴，我超音速了！ M 数超过了"1"，声音消失了。这是怎样一种奇妙的体验啊！只有空调器里轻轻地飘出一两点雪花，只有升降速度表在打转，只有云儿在急速地向下跑去，然而，一切是静静的……飞机高速上升，M 数在"1"保持了 40 秒后又降下来了。"轰"的一声，我又听到了发动机的隆隆声，又回到了人间……

当然，更幸福的是我拥有了你，拥有了你的心！你的心，洁白无瑕的少女之心。我用我精神中最高贵的"纸"把她包上，用我精神中最长的情丝做成锦带把她扎上，紧紧地贴放在胸口。无论流浪到哪里，无论停泊在哪里，她都是我身边最最宝贵的东西。我的精神，是由她支撑；我的力量，是由她激发；我的毅力，是由她赋予；我的成功，将由她来收藏；我的胜利，将是她的喜悦；我的丰收，将是她的骄傲——琴琴，"你中有我，我中有你"……

爱你，直到永远永远！

此刻的满腹柔情，你理解吗？人生之旅上，我们都只短短走了二十三年。可我们，却是那样幸运那样精确地找到了知音。琴琴，我相信你懂我的心，懂我此刻的满腹柔情……吻别。

your wei

9.1

我的成功，将由她来收藏；我的胜利，将是她的喜悦；我的丰收，将是她的骄傲——琴琴，"你中有我，我中有你"……

爱你，直到永远永远！

此刻的满腹柔情，你理解吗？人生之旅上，我们都只短短走了二十三年。可我们，却是那样幸运那样精确地找到了知音。琴琴，我也相信你懂我的心，懂我此刻的满腹柔情……吻别。

your wei.

9.1.

王伟写于 1990 年 9 月 1 日的信

"万一"的评判

阿伟：

你好！10月3日的信，我看了几遍，我也想了很多。说到我的目标，很简单——我只需要一个温暖的家，属于两个人的家，男主人、女主人，还有一个可爱的孩子。在这个家里，有爱、有关心、有体贴、有柔情、有支持、有气氛。

我的一生所要追求的也是极其平凡的事，我是一个女人，我需要奋斗的是充实的生活。我的丈夫一定能够创造出自身的价值，我也会成为丈夫的好帮手。作为一名帮手，我在给他爱和关心的同时，也要不断地学习更多的知识。

我的一生，需要把自己的英语基础打好，而且希望将来有新的发展，培养更多的爱好，使知识充满情趣，也希望自己将来的事业更加有目标，更加踏实地发展。

我还要学会织打毛衣、裁做衣服、料理家务，把家打造得温馨安逸，给丈夫一个温暖的怀抱，丈夫在我身边可以放松一切，我是他最亲的人。

阿伟，我很清楚，你是个好动的、不甘寂寞、不甘孤独的人。在外面你不会寂寞，因为你对将来的事业充满信心和希望。在心里你也不会孤独，因为我在你身边。是的，我会在你身边，只要你是真诚地爱着我，不管你恨不恨我，生不生气，我永远在你身边，时间和距离隔不开我们的爱，我永远爱着你——王伟！

我在阐述自己的目标，也想到了你的目标。你希望我是贤妻、是朋友、是良母、是知己，你把一个女孩子一切一切美好的形象和该负起的责任寄托给我，并且希望我能够充分地表现出来。我可以告诉你，我也许不是你所希望的那样十全十美，正如我希望你是成熟的丈夫，也是情人、是朋友、是慈父、是知己，这一切你能做到吗？你除了在信里给我讲爱情的故事，现实生活中你给过我多少真正的关心和柔情呢？这一切，是高山、是大海、是千山万水把我们分开的，所以，我也并不随自己所希望的那样要求你更多更深的关切，爱为的就是能够相聚在一起。你用一支爱笔和一颗挚诚的心与我相聚，我接受了，用我的理解和爱回报你，为的就是将来有更深远的相聚。如果说以前我冷淡过你，今后我决不会让你感到孤独。你孤独吗？真的不可想象，你会那样孤独。因为你孤独的时候，我也一定在孤独，就如你生病的时候，我也在生病一样。

阿伟，我是不是好妻子，这也许没有必要下结论，因为现在我还不是你的妻子，你的目标很高，我的目标也很高。但如果你请求我，假使你失去了飞机，不要再跟着你受苦，那你就错了。在你最需要我的时候，我是决不会离开你的。我再一次告诉你，从开始到现在，我并不希望自己将来会跟你享什么福，我追求的是一个对生活充满信心的人，所以，将来不管你失去什么，还是得到什么，爱就是爱，是真诚的，不是虚伪的。

请你想一想，如果你是虚伪的，或我是虚伪的，那我们没有必要谈下去，因为这不是爱情。你说如果有个三长两短，我不必为你悲痛，这怎么可能？如果我一个月就能把你忘记，那说明我根本或从来就没有爱过你。你可以想象这样的痛苦，对一个深爱你的人会造成怎样一种后果。你的爱，你的责任心在哪里？你说到的"万一"，是在逃避你的责任，爱的责任，你在伤害我，我决不会让你有"万一"，你的男子汉气概呢？你在害怕"万一"，男子汉是不怕"万一"，也不会想到"万一"的。因为对于将来，我们并不知道会怎样，要把握的也只有现在。

对于将来，我们希望的是美好的、甜美的，而不是"万一"的可怕，你应该知道，你的"万一"会给我一个怎样的"万一"。我是多么爱你，你对我们的"万一"要负起责任，不许你再说"万一"。但如果你需要一只更有力的胳膊助你发挥你的力量，我不会成为你的绊脚石。你是自由的，不要为我的等待而内疚，因为爱是没有代价的，我不需要你偿还任何东西。

阿伟，如果你对我这份爱失去了原有的热情和温柔，我不会强迫你回到我的身边，正如你所说的，爱是自发的、真诚的，来不得半点虚情假意，我对你的爱问心无愧。这几年，我放弃所有优厚条件的选择，而毫无怨言地等着你，为的就是这份爱，发自内心的爱。

时间和距离把我们的心越拉越远，也许在许多方面我们有不同之处，相爱的人不能逃避种种矛盾，爱可以克服一切。你爱我，当我有缺点、有错误的时候，你要承担起批评我、帮助我、鼓励我、纠正我的错误的责任，只有这样才能让我进步，让我爱你更深。

你的琴

1990 年 10 月 9 日

长相思意绵绵

琴琴：

　　这几天没有给你写信，是因为我在忙着给你录一盘磁带，让回湖州探亲的战友给你带去。战友大年初十左右到湖州，你最好能留那么一天机动假，有什么关于我的问题，尽可能问他就是了。

　　考试刚刚结束。我好像又爬过了一座山，好累，却又很轻松。5年的军营生活，就是被这样一座座的"山"划分成一段段。在这样一个过程中，意志坚强的、有能力的，都挺过来了。

　　这几天没有收到你的信，我心里当然是很想念的。而且有些担心你是否病了？是否考试没有考好？因为你答应我的——考完试以

阮国琴按王伟要求寄出她的照片与一缕头发，王伟十分珍惜并随身携带

后你就有时间了，会给我多写信的。但是考完试以后你只给我写了一封信。当然，那封信是很有价值的。你的 11 根头发，好长好长，有我头发的 100 倍长，带着你的气息，好香好香。

在各种各样的人群中，军人的离婚率是最低的；在军人当中，飞行员的离婚率几乎是零。生活在我周围的教员、飞行领导，他们的爱情生活都是很幸福的。因为这群人苦过，知道什么是甜；因为这群人经历过风浪，所以他们懂得"爱人港湾"的温柔。琴琴，我也是这群人之中的一员，我同样懂得爱的价值。我会珍惜你给我的每一份感情，我会用我的后半生全心全意地去爱你的。

爱情的产生、发展、升华，这是一个完完全全发生在我们的小宇宙之中的过程。1985 年 12 月 31 日，当我的双眼与你的双眼相接的时候，这爱便在我的小宇宙中产生了。四目相接，竟产生这样奇特的效果。爱情的到来，使我感到我的体内增加了一种动力，这种动力是用之不尽的。

我有轰轰烈烈的今天，与你给我无限的爱是分不开的。虽然我远离你，但内心从来没有孤寂过。因为我的心被你的心拥抱着，你的心也被我的心所拥抱。两颗心紧紧相拥，又有何可以顾虑的呢？

我说过，时间会带来一切的，时间也会证明一切的。5 年多了，我们真正相爱已有 5 年多了。5 年多的日日夜夜，你我什么时候断过思恋？你我从来都在向往着两个人的世界，向往着我们紧紧相守的那一天的到来。诚然，我们的爱情发展过程有过曲折，但这些曲折，非但没能改变我们彼此的相爱，反而每一次都能使我们对爱情有许多新的认识，每一次都不同程度地加深了我们的爱情。唯物辩证法的"螺旋式""波浪式"事物发展规律，在我们的爱情发展上同样也体现了。这说明我们的爱情是自然的，体现了我们爱的一般性。

同时，我们的爱情也有我们的个性，那就是我俩的爱比一般的爱更加深沉。因为我们有5年的相思，所以在爱的路上走过的里程很长；因为我们有5年文字的交流，所以我们的爱更富有理性。这些，通常一般的爱情是很少包含的。理性的爱，对于我们这样一对年轻的情侣来说是多么可贵啊！它比一见钟情式的爱，比朝朝暮暮的爱，比花言巧语的爱，更有生命力和丰富的含义。

琴琴，虽然我们分离那么长时间，但今后当我们也能像其他的爱侣一样朝朝暮暮的时候，我们会非常非常幸福的。因为我们首先做到了意识上的你中有我、我中有你。你可以回忆一下，5年前你的思想与今天你的思想有多少区别啊！这是我们两个5年文字交流的结果，是我们首先做到了意识上的你中有我、我中有你的结果。

我的许多理论，许多有关人生的理论，不正被你接受并应用于实际吗？同样，你的许多诗一般的浪漫，已贯穿我的整个人生。在我们做到意识上的融合之后，物质上的融合是多么的自然啊！

琴琴，爱的路是漫长的。与爱人同行，这是怎样一种幸福啊！今天，我内心感到如此充实。因为我会"时时想起她心里的山百合"，"她的洁白"，是我的全部！

琴琴，我在让战友给你带回的磁带里，录了一首你写给我的小诗。我给它谱上曲，和上吉他，唱给你。我想你一定会喜欢的。还录了不少我演奏的吉他曲，都是我常常在月光下弹奏的曲子。以后，我会当着你的面，把我这些年来为你而学的曲子全部献给你。这些曲子，主题是那样的明确：爱！

　　琴琴，你答应我的，会给我多写信的。我等着，很耐心地等着，等着你慢慢长大，直到你能够做到答应我什么，就能做到什么，吻别。

你的伟

1991 年 2 月 7 日

王伟献给阮国琴的曲子——《山百合》

阿伟：

你好！你托人带回来的磁带我收到了，你的普通话十分的标准。怎么说呢？听了磁带我觉得你成熟了许多，我似乎在你爱的怀抱中倾听你柔柔的细诉。这里面有理想、有关怀、有思念、有充实而奋发的斗志，有一颗为追求理想而奋斗的心。

伟，我爱你，多么想，多么想依偎在你怀里说一句内心的话呀。爱你，不知道用什么表达自己的情感，只觉得彼此是那样的默契和互相理解，我是理解你的，放心吧。我这儿是不会出什么事的，你的一切自己要多保重！

伟，你说到自己远离我，就是为了理想，为了活得有意思。你认为我只知道你离开我，很远很远，在好远好远的地方开飞机。伟，难道我只理解你离开我，就是为了你的追求，实现开飞机的梦想吗？是的，这是一种理解，但不仅仅是这样。人活在世界上，就要去寻找一些真实的东西。你舍下心爱的人，背井离乡，在寒冷的环境下去受磨炼，没有这些苦，哪有甜呢！

1991 年回来，还有一年多，你能舍得下我，舍得下奶奶，一年多不回来吗？在感情上，你舍不下，一点你都舍不下。在理智上，你必须舍得下，一定要舍得下。1990 年和 1991 年是你人生的转折点，无论如何我也不能答应你为了我、为了奶奶而"借某事为由"来看我们。

上次来信中，你谈到今年六七月有回来的希望，我现在也不抱这样的希望了，不为了什么，只为了上一次你说春节回来，最后却没有回来，已让我不能自拔好几个月。有好几个月，我想不通为什么自己会这么苦。你不回来就不回来，不能再伤害我孤独的心了，

王伟高三时，学校组织了一次春游，在春游期间，王伟给阮国琴拍了第一张照片

我还是对你的回来不抱希望，这样会好受一点。当然，现在已经 2 月份，我已经想通了。

你知道，1989 年 11 月、12 月，1990 年 1 月，我一直在你说不能回来的痛苦中彷徨，而且不能自拔……现在我觉得什么都挺过来了，自己是一个坚强的人，只要心里有爱，无论天涯海角，我们总是在一起的。所以无论你 1990 年回来，还是 1991 年、1992 年回来，只要我心里有你，我就不再自己给自己增加痛苦了。你不知道我现在对感情的理解的境界是什么？——是呀，我已经懂了一种东西，也许别的女孩子根本就不会懂，那就是一个"真"字。我的一生将永远追求这一个"真"字。

你知道什么是真理？真理就是人们通过实践真正得到的东西。马克思、列宁、毛泽东、周恩来，他们的一生就是在追求真理，真的东西是永远无法抹掉的，它是力量、是火、是光明。

你是一名党员，当你在中国共产党党旗下宣誓的时候，那种庄严的、神圣的、激动的心情，不就是在真理的旗帜下产生的吗？你宣誓,为了祖国,为了人民,不就是要竭尽全力吗?你在宣誓,是对真理宣誓,对命运宣誓。

你这一生就是为了做一个真正属于你自己的王伟而去生活,去实现自己的理想。理想,理想仅仅是你的一种梦想的追求,而你现在所付出的,所追寻的,不就是一个"真"字吗?活得真实一点,活得像个男子汉,学一点真正属于自己的东西,不是吗?你不正是在为追寻一个自我而奋发吗?有什么比一个"真"字更可敬呢!

无论在爱情上,还是事业上,你都会成功的。爱情和事业是相辅相成的,有美好的感情世界,才有足够强大的精神世界闯出一番事业。爱和智慧会帮助你渡过难关,坚强点,充满自信,你会成功的。

伟,在我懂得了"真"之后,我也学会了一个"忍"字,在真字面前,要忍、忍、忍,对待批评,要忍。因为有时候一个人难免会看不到自己在别人眼中的缺点。当别人教导你、帮助你的时候,你会看到自己许多真实的缺点。"走自己的路,不管别人怎么说"这句话是对的,但生活在一个群体里,不能不考虑别人对你的看法。特别是教官,他对你严格、批评你,那是在帮助你,促进你进步。当然,别人指出的缺点,不全是缺点,有的也是你的优点所在。你要自己琢磨,不对的,心里要服气,改正了,就会变得真实。对待批评,就要在一个"忍"字前学会寻找自己真实的东西,不是吗?你不是已懂得"忍耐"二字了吗!在感情的世界里,我也学会了忍耐。忍耐孤独,忍耐不被人理解,不为了什么,只是为了一份自己真实的感情。

对于金钱、地位、权势,我看得不重。金钱要靠自己双手去挣,靠父母挣的钱不是自己真正的钱，父母对子女尽了养育之责后，子女独立以后，更应该靠自己。结婚一定需要钱吗？结婚是男女双方因感情、生理成熟的需要而结合在一起，为什么一定要讲什么排场呢？只要我和你生生死死、恩恩爱爱，何必为了结婚而苦于金钱的束缚呢？现在我们都要磨炼自己各方面的素质，谈结婚还早，我想都没想过。所以将来的事还等将来再说。现在我只希望我们能够多学一点真正属于自己的东西，当我们结合在一起的时候，才是真正充实和幸福的，你不是这么认为吗？

阿伟，命运在我们的手中，我们不能为了儿女私情，而误了青春的大好时光，一切一切要自我掌握。家人，当然是想你的；爱人，当然是更想你的。但为了你自己，为了追求一个真正的自己，你就安心地去独立吧！独立你的人格，独立你的意志，独立你在党旗下宣誓的决心。1991年算不了什么，只要两颗心贴在一起，为了心爱的王伟，永远是温暖的。

爱人，我的爱人，放心地张开你坚实的双臂飞翔吧，蓝天是你的家，星星和月亮是你的指路灯。爱人是你的港湾，你的爱情之家。作为你的爱人，我只想对你说：天涯海角，我等待一颗漂泊的心！

你的琴

1991 年 2 月 18 日

写歌谱曲

琴琴：

我的爱人，在我眼里，在我心里，你已不单单是我的爱人，而是我的全部，是我的春夏秋冬，是我的整个世界。总是在想你，一刻不断地，日日夜夜，时时刻刻，都在想你。你懂吗？琴琴，你懂吗？我爱你，太爱你，太爱你！

爱，因为对你的爱，让我发现了自己原先从未注意过的东西。我知道你喜欢诗，你也知道我喜欢音乐。今天，我忽然也发现了自己在爱你爱得沸腾的时候，同样会有许多写诗的灵感，还有许多与诗一样抒情的旋律在我的心头回荡。

多年以来，我一直在想，要为你写一首歌。昨天，在我走下飞机的瞬间，忽然闪现出几句发自内心的歌词。我回到营房，赶紧拿笔记下歌词，并且在吉他的帮助下大致记下了主旋律。整首歌虽然没有完成，但我想先把歌词寄给你，希望你能提点建议。

等把歌词修改成熟了，我再把旋律精修一下："窗外下着纷纷的小雨，灯下是对你苦苦的思恋。面对你那张笑脸，心中是对你无限的情念。天涯的尽头，是你无期的等候，苦盼着人儿，从天边归复。苦苦地思念，期待着温馨的瞬间，'哀怨'着月儿，为何常难圆。终会有一天，我会潇洒地'返家园'，拥抱你，我心爱的人儿，永远不分开。"……歌词上打''的，是我不太满意的地方，希望你能修改一下。

琴琴，春节以来，我花了好多功夫，参考五线谱，整理了许多吉他曲，已经汇编成一个小集子。每首曲子，都是一首唱给你的歌，都倾注着我对你无限的爱。这本小集子，我要在我们相聚的那一天送给你。我

王伟整理的吉他曲

想你一定会喜欢的，因为你会看到，那里面有我几百个小时的心血。

我知道你参加了吉他训练班，以前曾想，等我们能够天天相守在一起的时候，我要教你学吉他，让你教我学英语。记得这件事我也对你提起过的，只可惜你先学了。不过没关系，你一定赶不上我的，到时候我还会有许多教给你的东西的。

时间很紧，我就先写到这里了。精修一下："窗外下着纷纷的小雨，灯下是对你苦苦的思恋。面对你那张笑脸，心中是对你无尽的情念。天涯的尽头，是你无期的等待，苦盼着人儿，从天边归复。苦苦地思念，期待着温馨的瞬间，'哀怨'着月儿，为何常难圆。终会有一天，我会潇洒地'返家园'，拥抱你，我心爱的人儿，永远不分开……"

你的伟

1991 年 3 月 22 日

乐观开朗

阿伟：

阿伟，两年多未曾见面，这段时间都是相互写信进行交流的。爱情从狂热到理性，再到平淡，是一个过程。其实生活中都会出现这样的情况，一对恋人或夫妻从相亲到相依，再到相守，说明一点，爱是稳重和稳定的。它狂热的时候是相亲，理性的时候是相依，平淡的时候是相守。

你的胡思乱想，你无谓的烦恼，都应该放下，要学会忍耐和等待。我知道等待也许会好烦、好矛盾、好委屈，但等待是最美的，不要为等待而心烦。伟，在工作、事业、学习、生活中，都要在等待中学会忍耐。你会这样，因为你已"不再单薄得像一页白纸"，我懂得这些话的含义。

阿伟，平时不想写信，有懒惰的一面，更多的是不想把自己不好的情绪带给你。人的情绪是受环境影响的。我和你的环境是不一样的，你的环境是不自由的、冒险的，而且有强烈的竞争性，这制约了你的思想往一个方向前进。而我的环境是绝对自由的、私人的、随便发展的，我约束着自己往好的方向努力。想保持自己的本色，需要多少磨难和毅力。人是有惰性的，当生活、精神和烦恼困住你的时候，最好什么都不要想，冷静下来，睡一觉，然后慢慢消化，问问自己："这些烦恼真的那么重要吗？""值得你这么烦恼吗？"把视野放大些，自然而然就会乐观起来，明天是新的一天，仍然会有阳光和春绿。所以，我常常在心情好的时候写信，这是一种享受，也是一种欢愉，而不是写一封回信的那种负担。伟，这几年，我没有把自己的烦恼和忧郁告诉你，也许你会怪我不坦率，可我何必把烦恼告诉你，让你为我担心什么呢？

这几年，爸爸妈妈已很少和我沟通，我只有靠自己。再说你的环境与我的环境有好大的差别，我怎么能让你忧郁、影响你的情绪？时间过得好快好快，这两年多，我不就是慢慢地消化，挺过来，适应环境了吗？一切事放宽心，乐观地面对，生活一定会美好起来的。

阿伟，如果你现在有什么烦恼，我希望你赶快乐观起来，更不应该为我而烦恼。希望你安下心，瞄准一个目标，为了你的理想、你所付出的汗水，在关键时刻实现应有的价值。我不要你怎么样，只希望我面前出现的，是一个真正的男子汉。

你的琴

1991 年 4 月 8 日

事业的择选

阿伟：

收到你的信，就想写回信，我的一个小姐妹因心情不好，天天到我这儿来，耽误了。

你的照片我收到了，你的目光使我看清了你对飞行事业的执着，我一辈子注定要跟着你的"PLANE"吃醋，"IT"占有你的时间太多了，我有点儿嫉妒。

我正在写毕业论文的初稿，大约5月初完稿。明天我休息，预备去图书馆查资料。

清明节，我跟你家人一起扫墓，敬拜了九泉之下的爷爷，表达了对老辈的怀念，寄托了对下辈的希望。虽然你没有交代我这样做，可你心里一定希望我能代你敬拜几下，许点心愿。是的，我默默地告诉爷爷："您的孙子在长大，在变化，他有更美好的明天。您保佑他不会被任何困难吓倒，他一定会成功的。"

爷爷似乎对我说：这孩子有一股子干劲，会有希望。我看天气是那样晴朗，相信爷爷的话会灵验。

还有两个多月，一切都会有所改变。这两个月是你关键的时刻，你应该时时向它说："来吧！无论怎样多和重，我都会用肩担起你来。"你应该像一个决斗的勇士似的，对待命运的挑战，不要畏惧它，不要在它面前软弱，要变得泰然和勇敢。

伟，你是这世界上真正认识我和真正爱我的人。也正是这样，使我在痛苦的等待中学会了忍耐。常常想不看一切，逃避一切，可这是一种软弱的表现。我试着用诸种方法来减轻我的痛苦，补充我

阮国琴生日时，王伟在陵水为阮国琴拍的照片

的智慧，使我变得乐观起来。你总是笑我的愚笨，正因为这样，所以我才能坚强地生活着。

　　三毛曾说：“我虽笔下是瞎马行空，心眼却不盲，心亦不花，知道自己的肤浅和幼稚，天赋努力都不可强求，尽其在我，便是心安。”[1]阿伟，我觉得你的自信是一种长处，可自满是一种缺点。人的知识是无止境的，思想境界是不断提高的。虽然你已比我多前进了好几步，可我绝不会落后于你，我会赶上来，不需要你等我，这样会走得更快。

---

　　[1]　摘自三毛著作《撒哈拉的故事》。

你曾说我"离不开身边保护你的人",我离不开的是比我强的人。我希望你成为男子汉,是因为我可以更好地提高自己。这些年我们都是相辅相成的。虽迷茫过一些时间,可没有迷茫怎会更清楚,回过头已得到太多太多。你未曾在我身边保护着我,可你的精神保护着我的思想,使我变得坚强,充满斗志,使我什么都不怕。人生最大的关头,就是死亡,——死了便什么都解决了。可是我们要拿这死亡的精神生活下去,便什么都变得平凡和从容了。

伟,关于你毕业分配的去向,我是不能帮你拿主意的。这是你个人的前途,什么地方更适合你,你自己是最清楚的。海航对你比较合适,你擅长游泳,喜欢大海,航天飞行又是你的理想,将来分配如果在南方沿海地区,离家很近,这对你,对家人也是最理想不过了。你去潍坊,离家好远,飞歼击机,对你来说更刺激,更有发展前途。留校我是绝对不喜欢的。我希望你自由发展……好了,对于你要我考虑的意见,我只有这些看法。我想,一个人在关键时刻,不能图安逸、舒适,你年轻、有斗志,要把眼光放远点,去最能锻炼你的地方发展,前途会更好。

你仔细考虑吧,希望你决定好了,再告诉我。

祝进步!

你的琴

1991 年 4 月 17 日

爱的归期

阿伟：

还有 5 个星期，5 个星期，我一直在盼望着，盼望着相见的日子。我好想你好想你！

这几天，我想让自己静下心来等你，静下来，必须这样。一想到你将要回来，我就可以告别一段孤独的日子；一想到你要回来，我就可以拥在爱人的怀抱；一想到你要回来，我可以倾听爱人飞翔于蓝天的"浪漫史"。我真的有点儿激动，但是，我尽量在这段时间里把心平静下来，必须这样。否则，我不知道该怎样度过这段日子。

阿伟，你一定在怪我这么长时间不写信，是吧？你给蓝天的时间太多了，这是你的事业，我理解，从来没有半点怨言。你对我的爱那样深，我爱你是那样坚定，爱你是那样幸福。在等待的日子里，我懂得了生活，懂得了怎样去充实自己。即使我现在离开人世，也会含笑而去。

我是在爱的生命里再生，虽然生活和事业没有给我更多的收获，但是我没有虚度年华，活得很充实，很清楚。前面的路还好长，现在还没有确定的目标让我走得更好。但是，我自信会找到的，就像我的爱，只要是值得我爱、我追求的，我会用一生去等候、去追求。即使我失败了，也不会后悔。人生苦短，岂可虚度年华，岂可放弃那份最真最切的情？

伟，今后的日子，哪怕再苦再穷，只要你深爱着我，我是决不会跟你分开的。伟，我不会让你再孤独，用我的一生给你爱的温柔，是我最深的情。

　　至于将来怎样我想不了那么多，也不愿多想，只希望我们的爱是最真切的。

　　伟，我有好多话想告诉你。这几个星期你要静下心，跑好最后一圈，等你的好消息！

　　　　　　　　　　　　　　　　　　　　　　你的琴

　　　　　　　　　　　　　　　　　　1991 年 5 月 27 日

学习再学习

阿伟：

　　亲爱的，知你这段时间非常非常紧张，想必你是有压力的。

　　我从你的来信得知，自回部队以后，你一直未静下心，心里很是担心。10天的时间，来也匆匆，去也匆匆，可它给了我许多。优柔寡断的我，要找到一个目标是何等不易，在十字路口一个人徘徊了好几年，今天，你真真实实在我身边的时候，我才发现你多值得我敬佩。时间已不容许我再迷茫了，我终于找到了让我更充实的人生。

　　我的伟，你知道我的目标是什么？这个我要让你猜。伟，在前进的道路上，只要我们的心在一起，就没有什么可怕的。不管遇到多大的压力，我们都会挺住，也一定会挺过去的。失败算什么，再来；成功算什么，仅仅代表过去；要把握住的只有现在。

　　你曾说，我们的爱，过去仅仅是先知的了解，后知的我们需要更新，需要了解，更多的是互相的帮助，我同样非常、非常地需要你。

　　这次回来，我从你那儿得到的最大收获是毅力和自信。这正是我缺少的，在你身边的感觉和在书信上体会到的有着天壤之别。所以在今后我所追索的目标中，你的毅力和自信，对于我提高自己是如此的重要，让我充满了力量。我相信，你会永远保持这种状态去面对一切阻碍，变得更加成熟。

　　学习和锻炼使你感到疲劳，我知道你不会怕，也不会叫一个“苦”字，因为你是一个意志坚强的人。忍受一个“苦”字去慢慢消化，这是你的毅力所在。"你怕狼，就别到树林去。"选择了这条路，就勇敢地闯下去，只有坚持才能使你的目标有清晰的意义，也只有持之以恒，才能使你达到预期的目标。

伟，今年是你决定性的一年，要把握住机会，不管遇到多大的困难，要坚定自己的意志。生命短促，没有时间可以再浪费。只要活着，没有什么困难是解决不了的，只是需要时间和智慧而已。如果你是脱了鞋去赶路，那么我能感觉到你的脚步走得有多稳！

分离太苦，只有孤独才能使人变得坚强和理智。我庆幸我拥有孤独，也害怕孤独，面对现实，珍惜时间，多看书、学习，提高自己，才不会惧怕孤独。心里有你，书是我身边的朋友，孤独算得了什么，它给我更多的是自爱。握紧我们的手，努力吧！努力才会有我们更好的明天。

祝进步！

你的琴

1991 年 8 月 27 日

最深情的告白

琴琴：

吾爱，太想你太想你！

中秋前夜，我收到你寄来的月饼，吃得好香好香！

9月27日，我第一次单独驾歼-6战斗机飞上海空，非常得意（闭上你的眼睛，想象一下我得意忘形的形象）。这是我梦想已久的童年的梦，现在才真正地实现。战斗机飞行员，这是多么让我感到骄傲的称号啊！

琴琴，为我高兴吧！我想你会的，一定会的。因为我的就是你的，一切的拥有，都属于我们。"我们"是单个物体的称呼，是我们俩整体的代词。

因为单飞，我这几天一直没能给你寄信。但思念万千，都记录在我的"爱琴随笔"中，都铭刻在我的记忆里。我怎能不思念你，思念我最最亲爱的人儿。这世界上，还能有谁在我心目中占据如此重要的地位。如果有，那也只能是我的飞机，我的航空舰。我爱你们，琴琴和飞机，你们是我生命的全部。我的情爱，我的心血，我的汗水，无不为你们奉献。

琴琴，我爱你，太爱你，太爱你，太爱你！我真是不敢想象，只要是我在以前的20年中走错一步，我就不可能拥有你了。也许真是500年前注定的，有你，心中是怎样一种幸福，怎样一种安慰啊！

前面的路该怎么走？这是摆在我面前的一个很现实的问题，也是很紧迫的问题。想当年，我告别父老乡亲、亲朋好友，曾经许下豪言壮语：一定要飞出来！然而，我今天飞出来了，下一步该怎走？自己走到人生价值的磅秤上称一称，感觉自己太轻太轻。现在，除了会飞5种飞机，其余一无所有。因此，我有太多的紧迫感。

琴琴，我要学习，需要更多的时间学习，学习更多有用的东西。可是现实又没有这样一个条件，每天进入新科目，每天要记大量的数据、程序，每天有大量的计算和地面准备。我还有一些杂七杂八的事。比如团报的约稿啦，给新兵讲一些文化课啦，好多好多的工作，剩余的时间太少太少。我又想起老队长那句话："锋芒不可露得太早！"何况本身并无实足的锋芒！

琴琴，你理解吗？当然，我与你讲这些，并不是为了让你给我一个标准答案，而是让你多了解我一些。如果你能为我分担一些，当然会让我感到太多太多的幸福。所以你应该多给我写一些信。你的烦恼，你的思想，也应该像我一样袒露在我的视野里。那样，同样会使我感到幸福的。

"十一"节假日期间，我要去北京总院体检，住院5天，4号飞回来。我会非常思念你的。

这几天，常有低烧。医生有些担心我的消化系统不能够通过北京的体检，所以准备陪我一同去。琴琴，我再请求你一次：如果我失去了飞机，你不要再跟着我受苦了；如果我有个三长两短，你也不必为我悲痛。你的痛苦，才是最让我感到痛苦的。当然，现在是没有一点事的，我身体棒棒的，就像你前些日子见我的时候是一样的。以后也会很好的，我说的只是"万一"，我会尽量保重自己的，你也应该像我一样。我还是希望你能睡到你妈那里去，你虽然会少给我来信，但是你病的时候我的心也会病的。琴琴，答应我，不要封闭自己，不要用什么口袋把自己的一切装起来。如果那"口袋"

是我的话，那就更不应该了。我爱你，依恋你，但我并不希望你因为我而感到痛苦，因为我而封闭自己。我爱你，是发自内心的；我希望你爱我，也应该是发自内心的、自愿的、毫无保留的。爱情也是辩证的，当然，我用我的笔是讲不透的，虽然心里明白。

　　琴琴，我爱你，海枯石烂，永不变心！

你的伟

1991年9月28日

王伟为阮国琴制作的生日卡片

爱的陪伴

琴琴：

这些天，飞行太忙，所以给你写的信相对前几天要少，你别有什么其他想法。这几个月来，我一直在想，一直让我感到有些内疚。这些年来，虽然在心上对你的爱是无愧的，是永无遗憾的，但是，在这样一段漫长的日日夜夜里，我对你的要求太多，可给予你的却太少太少。虽然我一切的奋斗、一切的努力都是你对我的希望，都是为了一口气，为了能给你"争光"，都是为了使自己成为你真正盼望的成熟的男子汉；但是，我为你直接所做的事太少太少。

这条路，我已走了 5 年多了。那银色的鸟，是我的第二爱人。我爱她，朝霞与她一同出航；我爱她，日落与她携手而归。梦里，常常出现的，是她和你。我不能，不能离开她，就像永远不能离开你——琴琴，你懂的，懂我这流浪的目的地的。

现在，我到达了一个中继站。在中继站，我要稍稍休息，明天，我还得走。只要我的腿还能迈开步，只要我的眼还能看清路，我还得走：最遥远的地方才是我的目的地——如果有一天，我想我会认识到地球原来真是圆的。但是现在不行，我要继续走，即使你，也难让我停下来。因为我有这样一份热情，这样一份爱你的执着。

我要走，继续走。虽然哥白尼早在几百年前就告诉人们地球是圆的，但我还是要走。直到绕了地球一圈之后，看到你盼望我的背影依然站在那里，我会从你的背后意想不到地回来，告诉你：地球真是圆的。

帅气多才、充满青春活力的王伟

琴琴，我是不到黄河心不死的人。走了 5 年多了，虽然许多坎坷、许多如同卡通片里的吃人怪物常常出现在这条路上，但我毕竟走过来了。这些，更增强了我的信心，更让我这份执着变得坚定。

琴琴，伴我一起走吧！这路上，我需要你这样一个安慰，这样一个能使我增强信心变得勇敢的爱人。在我心中，抽象出的你，是一朵能让我在流浪中常常想起并为之微笑的山百合。就是这样一朵小白花，给了我无数的安慰；正是这样一朵小小的花，鼓舞我战胜了无数的艰难险阻。

琴琴，过去的路，只是一小段。未来，未来的路太长太长。前方有目标，梦里有你，使我有太多的理由去走，去闯。我的抱负也许有些太多，我的目标也许太高；但是，只有这样，我才能真正跳出原始的意识圈子。

琴琴，我需要你，需要你与我去共同创造一个灿烂的明天，去筑一个温暖的巢。我需要你，需要你永远陪伴我，永远不要离开我。我需要，太需要、太需要！

琴琴，我想你，太想你！

你的伟

1991 年 11 月 2 日

阿伟：

　　我日夜思念的亲人，你好吗？多久没有见面了，不知道有多久？没有你的日日夜夜是怎样的一种思念，我心深处深几许，只有你知道，我的伟，好爱好爱你，多想多想把你那颗漂泊的心捂在胸口暖一暖，再暖一暖，不再让你感到孤独。

　　知你已完成了 1991 年的飞行任务。1992 年的任务不要看得太轻松。想到 1992 年的到来，我不知道以怎样的我去迎接我们的本命年，明年的我们应该把握住生活的目标。有时候，常常觉得两个人总比一个人好，我喜欢过二人世界。明年我的好朋友们都要结婚了，可我的男朋友还在天上飞呢！我不在乎相守不相守，因为真爱是无条件的，只要他能够坚持自己的目标，勇往直前，追求他所希望的崇高事业，我再孤独也是值得的，我是那样深爱着我心中的男子汉。

　　阿伟，好想好想你，好好干吧，你一定会攀上那高山上的小树，不要对任何事情失去信心，你永远是一个充满自信的男人，我需要的也就是有这样的一份自信的男人。

　　阿伟，你一切都放心吧，你的小琴琴会好好照顾自己，把握自己，只要你一切都好，她什么都不会担心。爱原来就是这样一种爱，相聚的时候是甜蜜，分离的时候是痛苦，遥遥相望的时候是相思、是独立、是上进。

　　还有两个星期，我们就能够见面了，该准备好的我会准备，只希望你这段时间能够安心，天气越来越冷，要多穿衣服。

你的琴

1991 年 12 月 28 日

王伟毕业后与阮国琴结束两地分居，回湖州后第一次团聚的合照

前进的步伐

阿伟：

　　你好！知你现在飞行任务很重，一定是比较辛苦，要多加注意身体！星期日我接到你的电话，真好！那一天都是快乐的。你朗朗的笑声传到我的耳边，让我感到亲切，感到温暖。

　　从你的来信中得知，你已一个多星期没有碰过吉他，想必你现在的飞行和学习任务一定很重。我知道，对远离故乡的你来说，最能让你排遣孤独感的就是那把吉他。寂寞时，弹上一曲；想家时，弹上一曲；忧闷时，弹上一曲；快乐时，弹上一曲。吉他是你最好的听众和知音，你把心中的一切发泄出来，让音乐抚慰你那颗漂泊的心。

　　当你拿起吉他，就会想到它是一把琴，你的琴在你身边听你倾诉。是的，让吉他代表我去陪伴你，让它静静地守候在你的身边，分担你的悲喜，没有人的时候悄悄地跟它讲讲话，吉他会在你安抚它琴弦的时刻陶醉在你的怀抱里，你也会被它柔和的弦声所陶醉。

　　是否还记得 1985 年 12 月 31 日的夜晚，当你告诉我，你在练弹吉他，并把长有老茧的小手指头给我看时，你知道我对你是怎样的一种欣赏？那时候我就肯定，你会弹好，而且会比周围的任何人都出色，因为你有这种天赋，你自己并没有发现而已。所以，我肯定，你一定会比周围的人弹得更出色。

　　你回家的时候，常常跟我谈起你那位很好的战友，不知他叫什么名字，我忘记了，请你写信告诉我他的名字。在你的心里，对这

王伟在空军飞行学院的草坪上弹吉他

位战友是比较欣赏的，他弹吉他因刻苦而成功，他学摄影因广泛收集资料学习而成功，难能可贵的是他的不满足和不骄傲。这种可贵之处，不仅仅是他女朋友给予的，而且他那永无止境的追求使他上进和充实。

　……

　　相比之下，我觉得你比他聪明和机灵，但是你缺少的是沉稳和谦虚。也许有一个最大缺点你还没有正确面对，就是你容易满足，满足于你已奋斗过的辛苦，满足于你的收获，你所表达的要去奋斗只是一句空洞的话，因为你感到疲劳。你真的疲惫了吗？不，你没有，只是，只是你太想家、想我，你的思念注满了你疲惫的心。你还年轻，有什么苦让你感到疲劳了呢？你是幸福的，你的琴就在你的身边守候，虽然我们现在是分离的，但心与心贴得是那样的紧，你还怕我逃跑了不成？

伟，抬头看看周围的战友，他们跟你一样，挺起胸，你会比他们更加出色。前进的路永远是无止境的，把目标定得高一些，多与有益的人相结交，会见成功立业的前辈，能转换你的机运。你身边有好多人都是你的良师益友，去学习他们，他们各自都有好的一面。充实一些，能不能让我体会你没有累的感觉？知道吗，你很出色，你比任何人都刚毅，只是你还没有开始行动。行动吧，我在等你，等你的成功，等你的喜讯。

一个在事业上有所作为的男人才是真正的男子汉，我会等你，等你一辈子，因为你会成功的，所以我是那样坚定地等你！你不会让我失望，也不会让自己气馁。一个女人嫁给男人，而一个男人"嫁"给事业。一个好女人要嫁给一个好男人，首先要支持他的事业。所以一对好夫妻，同甘共苦地创造未来，充实未来，才是真正的幸福。

伟，我希望你现在就去行动，订个计划，充实人生，你走得越快，越不会感到疲惫。你一步步地去实现你所立的目标，会成功的。你的琴在看着你，等着你的努力，不要停下你的脚步，希望你千万不要停下，走快点，朝目标走。

要说的话很多，就写到这儿吧！

你的琴

1992 年 3 月 17 日

把握今朝

阿伟：

　　近日心情可好？在来信中你提到"自满"与"知足"两个意思相近的词，你说得好，"自"不同于"知"，"满"不同于"足"，"自满"与"知足"都能让人"常乐"。明确自己的目标去奋斗，满也；知道自己有许多不够之处去努力，足也。懂得这样的"自满"与"知足"，你的生活不是会变得踏实而充实吗？心中有目标，但要去努力、要去奋斗又谈何容易？你说像你这种性格的人，很容易出现两种情况：一种是惰性，一种是叫人停滞不前的自满。其实这两种情况，任何人都有。我们敬爱的领导人、科学家等，难道他们生下来就注定是伟人吗？最初他们和我们一样的平凡，他们把人性的弱点放在建立理想的计划中，并在实现过程中去磨炼、去克服，他们的目标不仅是为满足成功的利己心，还考虑到一生的价值和人生的意义。他们不管遭遇什么风浪，必有"做到最后而度己"的意念，他们的惰性被潜意识的热情和不满足于事业的成功的心态而改变，最终取得成就。他们的一生永放光芒，他们的伟大在于克服了别人难以克服的惰性。当然，赞赏归赞赏，认识归认识，克服归克服，从赞赏到认识，再到克服，最后改正，这是一个过程。归于正题，我们对惰性已不再麻木，是一件可喜可贺的事，因为我们知道下一步该怎么去克服它。我曾为自己的惰性深深地担心，但我庆幸自己认识了它，并在人生的旅途中不断去克服、去纠正不足，因为我现在认识并不迟。今天去改正而不等到明天，这是一个好开端，我很充实。卡耐基说得好，"阻止人们前进的，就是把自己估量得太高的弱点。但这世界上，迟早有一天会将我们重新估量的，估量的日期，不是在今天，也不是在明天，而是在人生过程中的每一分钟，每一秒钟。我们的真价值，常常跟在我们的身后，仿佛我们的身影一样"。这是一句看似平常的话，但值得我们牢记心头。请把这句话记住了，记在心里，记在你的言行中。我们的过去，不管是成功还是失败，都将过去，我们要珍惜的是今天，我们要把握的是明天。你告诉我有种感觉，回家的时候必须带上收获才不会使我失望。其实，我要求你的是把握住现在，希望你的是更加充实。两颗心分离，寂寞是不用说的，只有不断学习和充实才能填补相思之苦。伟，用实际行动去考虑这句话的含义，然后告诉我"自满"与"惰性"在人的一生中是怎样的一种危害，希望你能帮助你自己，也帮助我认识人性的弱点。任何事，我们认为是好的，只要去做，就一定会取得成功。希望互相批评，互相鼓励。

伟，相聚的 25 个夜晚，我们感到了爱情的甜蜜，两个人在一起真好！爱情就像是在生命长河中不断绽开的美丽浪花，但长河不能因欣赏美丽的浪花而回浪不前。多么奇怪，生别离，长相忆，这是一种巨大的幸福，但其中有一种东西高于个人的爱情，而成为心目中神圣不可亵渎的信条，那就是对理想的追求，对人生的渴望，还有……

4 月份将是你作为学员要站好最后一班岗的时候吧。经历了 5 年多的辛苦，在分配的关键时刻，将开辟崭新的未来，是否有许多感慨？是的，那么你就放心去安排，去计划新开端。机会并不多，你的才能潜伏在你的体内，你必须自己把它们表现出来，用你的才能去努力，用你的精神去苦干，你不是说要"推销"自己吗？这正是

"推销"自己的关键时刻，拿出所有的勇气去"推销"吧，你有才能。去冒一次险，整个生命就是一场冒险，"稳妥"之船从未能从岸边走远。估量自己的才能，去"推销"自己吧，去干吧！我等着你的好消息。

　　不要再告诉我你什么时候会回来，当你在心里微笑的时候，我就知道该是你回来的日子了，给我带来的最好礼物是喜悦。

你的琴

1992 年 4 月 4 日

展翅高飞

琴琴：

你可好？好几天没有给你写信了。这几天的天气不太好，正是进行复杂气象飞行训练的好时机。因为现在的长春刚进入春季，那云一般会很快地发展成积雨云。所谓积雨云就是乌云，云中的气象是复杂的，不仅温度特别低，飞机一到里面就结上很厚的冰，而且有闪电，影响航空仪表的指示。也许你现在对这些会觉得很陌生，不过以后我们生活在一起的时候你就会熟悉它们了。因为那是我的专业，所以也应该是你的专业。天上、云中的故事是很多很多的，总有一天我要让你听个够。我知道你是很喜欢听这些的，因为钱同学回来后告诉我，他在湖州见你的时候你就问了他不少这方面的事。

还有不到两个月的时间，我就毕业了。回首5年来的这段日子，似乎又觉得很短很短，而且很美很美。5年的军校生活，把我身上那种南方小男孩的奶油气洗去了。我自己都感觉到，现在很虎很虎。团长、院长都形容我们是"29只小老虎"。……这胜利和成功，当然不能否认有一部分的"运气"，更重要的是我的艰苦奋斗。是的，琴琴，我奋斗过了，我苦过了，因此我懂得了生活的真正含义，懂得了爱情的甜蜜——我累，我苦，我流汗流泪，我相思，我寂寞，但最终的结局是成功，事业的成功和爱情的成功，这是怎样一个喜剧啊！我的琴，为我高兴吧！

想你想你，天天都在想你。你的伟是怎样一个热血奔放的青年啊——他会熔化你的！你是我的诗，你是我的血，你是我的心，你是我的飞机，你是我的生命！爱你，是命中注定的，是宇宙间的公理，是太阳，是月亮。在我们还是单细胞生物的时候，宇宙的主宰就为我们定下了这个定律。琴琴，我对你的爱永远不会降下一点儿温度，只会越来越烫。我爱一件东西，会越来越爱，我爱一个人，就会像爱我的吉他、爱我的飞机一样，永远爱下去！

虽然分离有两年多了，可是与你相聚的那短短几天，却依然那样清晰地刻印在我的记忆里。在我心目当中，你是那样美丽、那样纯洁、那样高雅。是的，那梦中的白雪公主就是你，那躲在人群中偷看我的灰姑娘就是你！我真想、真想对着刚刚向南起飞的航班大喊一声——阮国琴，我爱你！但愿你能听见，你一定能听见！我们的躯壳，物质的我们是分离的，可是我们的心都是相通的。

清明节那天，我正与教员进行"空中格斗"，在我扣动发射按钮的时候，我仿佛听到你的祈祷，你在为我祈祷。因为我懂你的心，我拥有了你的心，我把握了你的思绪。因为我爱你，所以我懂得你是怎样的爱我。爱情，坠入爱河中的人是很痴情的。这是真正的爱情，是有过苦、有过泪、有过血的爱情，这才是真正的爱情。

琴琴，我不会怨你给我写信写得太少。因为我已拥有了你的爱，这么多的爱，只要一点点，就会叫我用这一生都还不清。是的，我欠你的，欠了你五年的青春和爱情。我不能陪你，不能守你，也不能保护你，一切一切，都是你一个人在做。虽然你的理想，你的事业，并没有如期如愿实现，但是在你的爱情里，我在奋斗。因为有你的爱，因为有你的激励，我才有今天的成功。我的成功，就是你的成功。虽然你未能把自己打造成一个女强人，但你把王伟改造成了真正的男子汉，这就是你的成功，伟大的成功。琴琴，让我来吻你吧，吻你的手。你是美丽，你是纯洁，你是高雅，你是孤傲，你是温柔！

……

毕业后究竟能到哪里，现在依然是个谜。琴琴，“飞行梦”实现后，我还会继续做梦的，做“将军梦”，就像实现了“白马王子梦”以后，我还想做“模范丈夫梦”。我想你会理解我的“梦”的，因为我的“梦”也就是你的“梦”。只要有你的陪伴，有你的激励，我一定会实现这个梦的。在我的生命里，你是多么重要啊！琴琴，我已不能再失去你，失去了你，那就等于失去我自己！你就是我，我就

婚礼当天，王伟与阮国琴于家乡湖州莲花庄公园留影，两人挽手许诺相伴终生

是你，就像鱼和水，就像白云和蓝天，就像太阳和月亮！……

　　我有个打算，毕业以后准备攻读英语和法律。英语你可以当我的老师，法律准备接受函授教育。不知道你从电大毕业后有什么打算，来信告诉我！

　　等再见面时，我们就该商量婚事了！

你的伟

1992 年 5 月 2 日

生命的意义

阿伟：

亲爱的，自上星期一你在电话里告知我，你已到海口，此后就没了任何音信，不知你近日一切可好？我非常想念你！

上海一别已有半月之久，除了每一个星期有一次几分钟的电话，我无你任何消息，让我有些担心。不能没有你的消息就发信到乐东，这样做不保险。所以虽然每天有写信的想法，可还是耐着思念的心情，等你的消息再说。

伟，这样的漂泊何时才有个尽头？你现在已是一个身不由己的人了，我记得在《庄子说：自然的箫声》里有这样一个典故叫"不做牺牲"。有一位大臣邀请庄子做官，庄子告诉他："你看那养来做祭品的牛，虽然每天吃的是刍草、大豆，身上披的是纹彩刺绣；但是，有一天，当它被牵入太庙做牺牲的时候，它想回到野外，做一头孤独的牛也不可能了。"[1]

有大智慧、通变化的人，便常以"不材"的姿态出现，以免除世上的权势倾轧，求得清醒淡泊的自我。诚然，是这样的道理，我还是觉得你所付出的努力是值得的。伟，我为你的事业和理想而骄傲，祖国培育你成为一个杰出的战士，你应该为了达到无我的状态去努力。

生活，是什么？为祖国奉献一份微薄的力量，是你分内的事，所以在事业上你想看看自己的能力，我是支持你的。伟，你尽管大胆地去闯吧，你的她不会离开你，她的心跟你的心贴得是那样紧，因为她被你的自信和对蓝天的爱而吸引和感动。这吸引力就如同地

---

[1] 《庄子说：自然的箫声》，生活·读书·新知三联书店，1989。

王伟和阮国琴结婚后在海南海边留影

球和太阳一样，亘古不变，除非有一天世界改变，你改变了她，那么她会在你的世界永远消失。

我用生命去爱你，任何苦，只要有机会把她磨炼成一个坚强的人，一个生生死死与你共命运的人，那又有何畏惧？生和死不过只是一刹那的事，所以，她要永远跟你在一起，不能再分开了。人生本来就那么短暂，5 年的分离，已足够考验我们的感情。所以，现在生生死死是必须相随的。

伟，要你的拥抱，紧紧地，再紧一点！！

亲爱的，我想说的话很多，希望你抽空多写信，让我知道你那儿的情况，但我也不能逼你怎么样，一切都是你自愿的事。我希望你知道，写信比打电话更意味深长。

你的琴

1992 年 5 月 14 日

送战友踏征程

琴琴:

离开长春的那晚,火车站都是送行的教员和老首长。我们十五名血气方刚的青年,都难以掩盖自己的激动。泪水止不住地流,引来一大帮记者,照下了这感人的一幕。大队长紧握我的手:41,继续这么干,锋芒不要露得太早……教员拥着我:41,有了信心还不够,还需要耐心……团长:41,祝(贺)你(毕业典礼上)演讲成功,好好干,为母校争光……火车开动了。再也止不住了,五年的汗水,五年的奋斗,五年的忍耐!流吧,成功的眼泪——琴琴,你理解吗?如果你在场的话,也一定会感动的。当时的心情,那是怎样一种心情啊!——从此,我们跨入了真正飞行员的行列,大学本科,军学士学位,副连职军官,海军中尉军衔!——琴琴,我成功了,在你的陪伴下,跑完了我人生第一个关键的比赛。胜利属于我,同样也属于你!让我吻你,用我的爱吻你,饱含无尽的感激。

你的伟

1992 年 5 月

离开长春的那晚，火车站都走送我的朋友和老商长。我们十五名血气方刚的青年，却难以掩盖自己的激动。泪水止不住地流，引来一大邦记者，照下了这感人的一幕。大队长紧握我的手：41，继续好好干；锋芒不要露得太早……朋友拥着我：41，有了信心还不够，还需要面对……团长：41，祝你（毕业典礼上）演讲成功，好好干，为母校争光……火车开动了。再也止不住了，五年的汗水，五年的奋斗，五年的忍耐！流吧，成功的眼泪——琴え，你理解吗？如果你在场的话，也一定会激动的。当时的心情，那是怎样一种心情呀！——从此，我们相拥着飞行员称号，大学本科，学学士学位，副连职军官，海等中尉于一身了——琴え，我成功了，在你的陪伴下，现完了我人生第一个关键的比赛。胜利属于我，同样也属于你！让我吻你，用我好好吻你，包含无尽的感激。

王伟写于 1992 年 5 月的信

迎接新生活

阿伟：

你好！知你到达部队以后一切已安定下来，并且非常喜欢那儿的环境，为你对新的开始充满热忱而高兴。

事业和生活在新开端中展开，成熟的你可以自由把握生活中的奥秘。记得卡耐基说过一句极富智慧的话："生命中只有两个目标：其一，追求你所要的；其二，享受你所追求到的。只有最聪明的人可以达到第二项目标。"所以生命看上去就像是块回力板，你付出什么，便收获什么。你曾感叹过去的艰苦，但你不正在为付出的汗水得到收获而自豪吗？付出的努力和汗水，会以收获和幸福回报于你。所以在你追求耕耘的同时，也在享受丰收的喜悦。

在感情和事业的执着之中，美好的前景等着你去享受。但当爱情和事业发生冲突时，你烦恼了，为我而烦恼，你担心我不能适应你的环境，这对于我确实是一个不小的考验，我必须做出实际的选择和决定。向人生第二旅程的跨步是这样的：放弃现在安逸的工作，选择幼儿园教师的工作，或在家属芸芸的军人服务社工作；离开照顾我、关心我的父母亲，选择承担新家庭的责任；离开有共同语言的知心朋友，失去与好朋友们谈心和交往的乐趣，选择结交新朋友；离开熟悉、亲切的故土，选择一个陌生的环境开始新的生活。为了值得我爱的男人和爱我的男人，我愿意舍弃这里所拥有的一切，心甘情愿地跟他开辟新的天地吗？

这些问题我需要考虑清楚，不能有后悔的可能性，所以，在心里必须做出理智的选择和决定。我要尽快地让你安心搞事业，享受生活，明确我的思想准备。

是的，我想到了今天！我们生活在今天。今天，我们站在两个永恒的交汇处：那已亘古的广大过去，与延伸到无穷尽的将来。我们不可能活在这两个永恒当中任何一个里面——不能，连一刹那也不行。生命的旅程是多么奇妙，回头看看经历的一切，是那样的虚无，时间一去不复返。我们总是认识不到：生命就在生活里，就在每一天、每一时刻里。

我们全都梦想着地平线上方的某个神奇的玫瑰园——却不知享受今天盛开在我们窗外的玫瑰。

真正的生命，是愉快的，所以我们不应该被酸苦的忧虑和分离的悬念所销蚀。要以快乐的心境、高昂的兴致迎接新的生活，只有快乐的生命，才是有价值的生命！所以，我以足够的信心迎接新生活的挑战，每一天都是一个新的生命，为什么人为地造成牛郎织女的生活？我们是生活在现在，生活在今天的生命。现今生活的每一天都应该是轰轰烈烈的，我们应该去尝试，体验生活的一切甜酸苦辣。所以，我决定了，跟你在一起珍惜每一天，充实每一天。从生活中寻找乐趣，从现实生活中获得乐趣。所以，在清理了自己的一切思想障碍后，告诉你，安排我在你身边的一切吧。至于环境，我会适应，一些可能出现的困难，我也会慢慢克服的。

亲爱的，放心吧，只要我愿意，面对"肯定是不行的困难"，我会尝试着锻炼出"肯定行"的解决能力。知道吗？我对你充满了信心，爱你，享受你的爱才是真正的快乐。所以事业和爱情并不矛盾，你只要安排妥当，可以尽心地发挥你的聪明才智搞事业，安逸地享受家庭生活的乐趣，安心地在你温柔的避风港除却你的疲惫。

你的琴

1992 年 6 月 11 日

学习中的收获

阿伟：

　　你寄来的照片，我收到了。在你天涯和海角的召唤之中，我的心激动万分。真想，真想，马上来到你的身边，感受一下海阔天空的开朗心境。三亚那"鹿回头"的神话，震撼着我。我有一个心愿，就是与你生活在一起，感受那种男耕女织的生活。是的，以爱情为基础，过一般人普普通通相亲相爱的生活，我们不能再分开了。

　　你说得对，无论你到哪里，我都会跟你走的。从对你"拉煤"的印象里，我就开始敬重你独立的个性。你不屈服于任何人，做自己独立的选择，哪怕是你"脚上"有伤痛，也不告诉任何人而独自忍受。你从小不屈服于父母，就像不屈服于自己的命运一样，你是个坚强的人。我最初爱你就是因为你不屈服于任何人，你属于你自己。

　　6年了，6年中你证实了你顽强的个性。不管前面有多大的困难，你都会闯过去，一定会成功的。因为你在努力地走自己的路，一条有理想、有目标的路。你是个坚强的人，往前走吧，你永远不是孤独地漂泊。这个世界上，有一颗心一直陪伴着你，不管你会遇到多大挫折，这颗心始终坚信——你一定会取得成功的。努力吧，伟，尽力往前走，哪怕你为了什么失去了一切，你永远不会失去我（除非你爱上其他女孩，我会放弃你），生生死死都不会同你分开。

　　亲爱的，经提醒，我仔细地看了你写的钢笔字，进步不小——遒劲而有力度，端正清楚。你能有时间静下心来练字，这真是太好

"海边轮青蛇名字"

"我在海角等"

王伟寄来在海南的照片

了。练字是很辛苦的，不但要有决心，而且要有恒心。如果练一段时间，字就可以写漂亮一点，这很不容易。练字需要下功夫，还要有一种意志——学习的进取意志。如果你下了决心，就一定要把字练得比平时写得还好，这样，有了学习的进取意志以后，你才能得到进步，练字才会有效率。

我们知道，仅仅有这愿望，而没有进取的意志，这愿望终不可能实现。改进的愿望是一件事，而改进的意志是另一件事。改进的意志，需要全神贯注地投入；而改进的愿望，却只要有一种希望就够了。阿伟，如果你想练字，你是一定能够练好的。因为我知道，你就是那种做一件事是一件事的人，既然下了练字的决心，那就一定能练好的。坚持练习吧，如果因练字而给我少写几封信，我是绝对不会怪你什么的。我支持你，亲爱的，你每天坚持练半个小时字，你会达到你所希望的。伟，今后我要跟你一块儿练，可要当好我的老师哦！

阿伟，提到写作，对你来说是非常重要的。你已经是一名出色的军人，而且是本科生。对一个革命工作者来说，高度的文化修养是必不可少的。你提到写作，说明你正急切地要求自己在文化素质上向更高层次"进军"。

你曾跟我说，如果你不能成为山顶上的高松，那就当棵山谷里的小树吧——但要当棵溪边最好的小树。是的，没有不想做将军的士兵，你要想成为将军，为什么不去奋斗一下呢？你不去闯，怎么知道自己能不能成为将军呢？……任何一个士兵都可以凭自己的能力去争取。你不行吗？不，你行，你聪明，可你缺少的是一个"钻"的劲头。现在你开始克服你的弱项，"钻"起来，这是一件多么可喜的事。

怎样写作？以我之浅见，首先要明确一个目标，向什么方向发展的目标。如果以从戎为一生目标，那就钻研军事理论知识，广博军事之理论，特别是飞机，了解国内外军事要闻，多看书，勤记笔记。你的聪明头脑一丰富，那写一篇军事类的论文或报告文字是可以实现的。

写作，要的是真实的实践经验，要有以科学为依据的准确性，要以丰实的理论资料为依据，还要有自己独特的见解。最重要的，写作并不是卖弄文采。你是个聪明人，多阅读一些专业性强的书，会收获不少，而且在写作上会领悟到高水平的东西。

知识的大门向每个人敞开，就看你愿不愿意往前"闯"。阿伟，想写作吗，多看书吧，要知道，听你讲许许多多军事方面刺激的战争，是一件多带劲、多耐听的事啊！我喜欢听你讲，喜欢你讲到精彩时的那种神采！

亲爱的，我希望早点见到你，好想好想你。

你的琴

1992 年 7 月 5 日

海誓山盟

永结同心

王伟和阮国琴带着儿子到海南天涯海角游玩时的合照

把握未来

阿伟：

你好！阅了你7月19日的来信，我看到了一个想超越自我"浅显"意识的王伟。你沉思、你反省，在更深的潜意识里，你对"自满和自足"的现状，感到失落和悲观。你的自主性和独立性较强，使得你不安于周围的环境，对停留在原处感到不满足和焦灼。周围同事之间的竞争，领导对你的期望，亲人对你的关切，这些无形之中的压力，并不是主要的。重要的是你，你的主观能动性需要改进，需要完善，你需要成为具有进取性和创造性的王伟。

阿伟，知道自己的愿望比要实现这个愿望更为重要！一个人如果不知道自己的愿望，他做人的第一件事就失败了，哪里还谈得到努力不努力呢？6年的军队生活，锻炼了你坚定的意志。你有了自己热爱并为之奋斗的理想——做一名出色的蓝天卫士，为保卫祖国的边境而贡献自己宝贵的青春。这是光荣和自豪的事业，我为你的奉献感到骄傲，我非常敬重你。6年来，你从一名普通的飞行学员成为一名出色的飞行卫士。6年后的今天，你希望成为一名德才兼备的军事人才。这种不满于现状的心情，正是促使事业成功强而有力的刺激，尤其是与特定的目标结合的时候。

青年时期轻而易举地成功，若因此而自满自足，那反而会是成功之障碍。"小时了了，大未必佳"这句俗语，便透露了这种意思。要钟表走动，必须费些劳苦，亲自卷紧发条。

阿伟，要记住，你没有什么可自卑的，在我眼里，没有人比你更优秀。

在我心目中，王伟现在到底是怎样一种状况？事业上，你热爱飞行，对自己选择的事业坚定而有信心，向着目标去干，你的事业会成功。

学习上，你发现了自己缺乏的知识，在反思中感到自己原有的惰性和自足是如此的恐怖。人生无常，如石火风灯，今天之后有明天，明天之后还有明天，可是谁也不知道自己还有没有明天。即使命不该绝，明天还有明天的事，事越积越多，越多越懒得去做。你知道积蓄惰性之害处，积蓄内在潜力之益处，所以，你应采取兴趣化的方式，进行钻研。当然了，字是越练越棒了，信也是越写越有味了（可错别字还是难免，要改正）。这些变化，只是发生在一两个月之间。如果能这样努力半年，持之以恒，将来的字和写作水平是相当可喜的。所以，请你保持这样的热情，这样的钻研，再往前迈一大步，你会成功的。

生活上，你虽然能独立，能照顾好自己，但你还没有足够的把握能在结婚后承担起一个家庭的责任。在未来的日子里，你会变得更加有男子气概。伟，婚后的一两年内，你和我应该享受分离六年后相聚在一起的恩爱生活。我的心，我的爱全部是你的，你的心和爱也是我的，我们的爱容不下任何人同我们分享。当我们的爱不断成熟能承担另一种爱后，到那时候再要一个孩子，你说呢？我希望自己全身心地爱你，做个好妻子。所以，请你不要急于跟我谈孩子的事，希望你慎重考虑责任感后再做打算。

外面的世界很精彩，也有很多无奈。经济改革不管怎样变更，万变不离其宗。所以要体会这样一种境界："图未就之功，不如保已

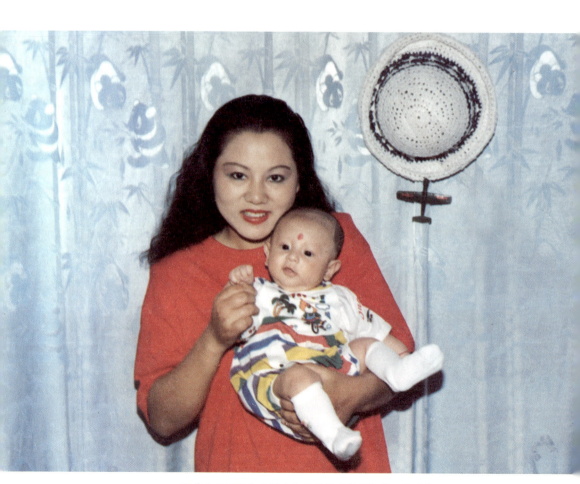

王伟给阮国琴与儿子在海南部队家里拍的第一张照片

成之业；悔既往之失，不如防将来之非。"① 与其计划没有绝对把握完成的功业，倒不如维护已经完成的事业；与其懊悔以前的过失，还不如预防未来可能发生的错误。

就是说一个人对自己的过去、现在、未来的心路历程，最好是抱着"不懊悔（夸耀）过去，要检讨（反省）过去；不轻视（不满）现实，要把握（迁就）现实；不梦想（恐惧）未来，要策划（努力）未来"的态度才行。古人有"前事不忘，后事之师"的明训，这就证明了"鉴往足可以知来"，所以我们要检讨过去，以其作为策划未来的借鉴，也就是追溯以往而策励将来。

阿伟，"口袋满满，脑袋空空"，在任何时候都不是你。不要小看自己的智慧，你在我眼里，永远是充满自信的。伟，按你的计划努力吧，不要懈怠，多学习，多在事业上用心，这样就可以打破安逸的惰性，而在非常事态到来之前，知道你自己"真确"的实力。

阿伟，只要你努力，你会比任何人都更加出色。安于宁静，不争名利，只为完善自我而学习，这样你会得到意想不到的成功和快乐。亲爱的，请让我握紧你的双手，等待你，支持你！给你一个炽热的吻，让我们快快乐乐面对生活，更好地认识自尊和自卑，把握住自己的现在和将来，做命运的主人。

你的琴

1992 年 7 月 30 日

---

① 摘选自明朝思想家洪应明编著《菜根谭》。

“爱的记录”日记本中王伟的留言

琴琴：

今天没有收到你的信。

很忙的时候，虽然也是一样想你，但是绝没有像现在这样迫切。

……

我希望你是朋友、是妻子、是母亲。

我爱你，爱你是这样，原来已是这样深、这样长、这样坚决、这样认真。

是的，我们爱得很深、很长、很坚决、很执着！给你一个小本，记下对我的思念，对我的牢骚。什么时候有了无尽的思念，什么时候有了许多牢骚，都记下来，等到我们新婚的时候，再念给我听。答应我！

吻别。

王伟送给阮国琴的“爱的记录”日记本及夹在日记本中的留言

"爱的记录"日记本中第一篇日记

在第一张纸上，我心里想说的第一句话：我爱你，王伟！

当我说爱的时候，已经真正懂得爱是什么。先哲们说过许多爱的定义，爱的哲理，但理论的爱仅仅是抽象的思维。要自己亲自去体验，才能给爱下定义，才能懂得爱的甘甜，获得一大半人生——爱情！

爱情是一种财富，一种无形、无态的精神食粮；一种取之不尽，用之不竭的生命源泉；一种为他而活，为他而死的力量；一种为他而完美的追求；一种为他而丰实自己的超越；一种奉献，青春和快乐的奉献，挚诚的心的奉献；一种等待，孤寂和希望的等待；一种心愿，愿他成功，愿他有所作为；一种火花，两颗心撞在一起的热情；也许还有许多深埋在心里不能表达清楚的热火般的爱，也许还有我至今未体会的爱，等待我去发现、去创造的爱。在这里我给爱下的定义，是我已体会到并挚诚地爱着的。

也许只有军人的恋人，才更深刻地懂得爱情的含义！她们任劳任怨，默默无闻地生活着，她们不图名利和报答，只希望自己的郎君能安心地为国家、为人民立功尽责。"军功章啊有你的一半，也有我的一半"，多好的歌，多好的赞颂，军人的妻子是伟大的！军人的妻子是崇高的！

我爱你，军人，我爱你，男子汉！

我崇拜你所追求的事业；

我钦佩你所付出的代价；

我懂得你的价值，珍惜我们的爱情！握紧有力量的双手，破除困惑，在爱的春天开花。

1989 年 12 月 31 日

阮国琴在"爱的记录"日记本中写下的第一篇日记

王伟日记

★爱是神圣的、永不熄灭的火焰，它是永远无法满足的饥渴。

★爱是一种甜蜜的关系，可怜的疯狂，无休止的劳动，无劳动的休息。

——摘自《男性学：男人心理追踪》

〔美〕乔伊斯·布拉泽斯

真正地爱一个人，从外到内，从精神到肉体，这需要一个长长的过程，需要无数次的观察、体会和反思。爱上你，从学生时代到我离开湖州，再见你、再见你、再见你、再见你，一次又一次地体会和反思，这份爱，越来越深。爱，并不像少年时想象的那样简单，

王伟日记原稿

这是一份很复杂很复杂的感情。儿时，大约就有了那么一个轮廓：大大的眼睛，浓浓的眉毛，略有外八字的步，温柔的语言，温柔的双手……你虽然没有浓眉，可你有我最喜欢的"良母步"和温柔的双手。这一切，简直让我销魂夺魄。——还有，你那倔强的性格，那执着的精神，更让我爱之入骨！琴琴，我爱你，已爱得很深很深。——我的文字，只能用"很深很深"来形容它，如果有比"很深很深"更能表达我对你爱之深，我会用那个词来重复表达的。琴琴，我还决心爱你到永远——其实已没有必要表决心，事实已如此，这已成为定律和趋势。爱你，用我一生的疯狂和热情来爱你，那是一个定律。因为你值得我爱！我眼中，已容不下第二个人，你是我的依靠，你是我的渴望，你是我的一半，你是我精神的全部。没有比你再重要的人，没有比你再能如此严重影响我的一切的人。有了你，世界是灿烂是辉煌！

1990 年 8 月 29 日

琴琴坐在窗前，静静地，一手支撑着香腮，双眼流露出一丝茫然。我不知何时已赶回湖州，在她窗下唱起《山百合》。琴宛如梦醒之后发现梦中的白马王子真已牵马坐在她吊床边的石凳上一般兴奋，推窗跃出——我扔掉吉他——我们相向狂奔——……这就是我常常梦想的一个浪漫！

专心致志地做一件事的时候的琴琴，也是非常可爱的。就像一个孩童专心地玩一件玩具时候那样纯真、专注。琴那白皙的皮肤、清亮的大眼、苹果般粉嫩的脸，给我的感觉是那样的纯洁，就像雪后的青山，晴朗的蓝天，晴朗的海洋，散发的是一抹沁人心肺的青春。这"青春"是一种香味，是一种"场"，只有我能感觉到，只有深爱着她的我才能感觉到。每当有了这种感觉，心胸中就会涌起一片激动。这激动推我冲向她，展开双臂把她紧紧拥住，吻她，深深地吻她……

9.1

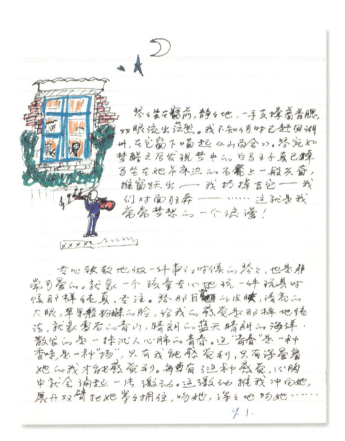

王伟日记原稿

今天天气依然不好，心情也和天气一样。虽然我知道她再不会离开我，虽然我知道她不给我写信并不是因为不再想念我；但是，没有她的信，心中总会有一种莫名的失落感。于是我也学习荷西，来回激将法。当然对待琴琴不能用那种激将法的。我用的是"装病"的激将法——事实上在山海关确实病得很厉害，正像我信上所描写的那样，连胆汁儿都吐出来了，打了三瓶葡萄糖，住了两天院。真病的时候，是绝对不能告诉她的。但是她那样懒，我就得激激她。我想她肯定会着急的，谁让她不给我来信。只好春节回湖州时再补回来，用温柔，用她爱听的"花言巧语"。琴琴会懂我的。

1990 年 9 月 4 日

离开你，我就像走进了一扇门。那门牌上写的是"通向蓝天之门"。我进去，带着恋恋不舍；我出来，欣喜若狂；我进去，带着勇往直前；我出来，带着满车收获。——然而，那门里到底包含了什么？那门是怎样通向蓝天？门中那路那桥那山那海是否宽畅无阻，是否风平浪静？——你，你们，都是无法了解的。只是你们能够看到，只是你能感觉到，我的头发短了，我的双臂双腿粗了，我的手上有了老茧，我的脸上多了皱纹，我的双眼不再无神，我的谈吐不再语无伦次……——所以我感到孤独。只有与你朝夕相守、耳鬓厮磨的时候，我才感到了许多的温柔、许多的甜蜜，才感到了自己确实实实在在！——走进那门，犹如走进了一个梦。琴，你是理解不了的。进这个门，与外界跨度太大太大。琴琴，我也有一个目标，你可能猜到？

于收你 8.27 信第二天

对你的这份爱，是那样的热烈。就像家乡三伏天的太阳，就像这渤海湾冲拍沙滩的潮涌。时时刻刻，脑海里想着的是一个女人，一个让我永远充满活力，永远不畏艰难不怕疲惫的女人。我看着你这个女人，从一个眼中常常露出忧郁的女孩，迈着温柔的步子，长成今天这样一个眼中常常露出关心的成熟的女子。这样一个成熟的女人，或搭乘在我的单车的后座上，或挎着我的左臂迈步于人群的目光里。我的心中，有了一种骄傲，有了一种自信，有了一种难言的快感。——看到你的成熟，想到你的成熟，心中常有这样一种令我激动得不知所以的快感。——琴琴，我爱你，用生命在爱着你，认认真真地，就像做我童年的玩具竹蜻蜓一样，就像抄我的吉他指谱一样，一样认真，一样投入。你的一举一动，你的一颦一笑，你眼中的每一个光波，都会让我怜爱万分。如果可以不顾尘世的一切，真想与你永远相守，远离人间，远离尘世，永远与你缠绵，寸步不离你。琴琴，我爱你，真心真意，诚心诚意，永不后悔。即使你因某种原因离开我，而且再也追不回你，我也不会后悔。因为我爱了，用我的全部，用我的生命，用我生命中最闪光的斑点去爱了。我把我的全部，我的生命，我生命中最闪光的斑点，统统毫不吝啬地抛洒给了你。因为我爱你，因为你是我的希望，你是我生命中的奇遇！——生命中的奇遇有两个，一个是遇到了你，一个是遇到了我这伟大的事业。世界上只有一个人，同时有这两个奇遇，虽然飞行员有许多，但你只有一个。世界上，永远不会再有你这样一个，一个让我痴狂如醉的女人。是的，琴琴，我为你痴狂。没有人能够像你一样，使我变得如此听话，如此安静。你说得对，我是一个好动的家伙，然而自从有了你，我从本质上发生了变化，一颗永不停转的心停留在你的胸腔，永远地停留在那里了。

　　琴琴，你未能兑现你的诺言，承诺能够回我的每一封信。我很失望，很伤心！

91.10.28

王伟日记原稿

有许多星期了，没再在这本"爱的记录"里记下我对你的思念。因为很高兴，你终于有了一丁点儿的变化，那就是尽了你自己最大的努力克服了你的一丝惰性——其实你依然还是很懒的，并没有真正做到三天来一封不少于三页纸的信。不过我已经很满意了。当然这个满意不能现在就告诉你，只有等到我回家时你拿了这个笔记本以后才能知道。在这里，在我的心里，我要用最热烈的吻来感激你！

我一直有这样一个想法：抓紧每一分钟！分离时，抓紧每一分钟积累、提高自己；相聚时，把积累的一切一切都呈现给你。只是现在是这样一种情况，分离时间太长，相聚时光太短。往往是几年中想好的话，到见面时却全部被耳鬓厮磨的激动给冲忘了。这样，等分离的时候，又要重新想起那些见面时未讲完的话，急切地盼着能够马上告诉你。永远会这样的：今后，哪怕分开一小时，我也会有太多的话要告诉你，太多的情感需要与你交流。

琴琴，马上、马上要见了。1991 年还剩 16 天，再过 16 天我们就能见面了。

1991 年 12 月 15 日

王伟与儿子的合影

鹰击长空

第四章

我们驻守在祖国的南海前哨，我们的使命决定了我们的责任，我们的责任决定了我们的光荣。我们宁可战死，也不能被吓死。生气不如争气，一定要勤学苦练，熟练掌握手中的武器，随时为祖国的尊严、民族的利益而战，哪怕是粉身碎骨也在所不惜！

——王伟

　　1992 年，王伟从空军飞行学院毕业后被分配到了海军航空兵师某团，这是当时海军一支驻守在少数民族聚居地区的部队，特别是某团驻地"灯不明、路不平、水不清"。而当时的海南正处于"开发热"，到商海中"弄潮"成了时髦。面对艰苦的环境和繁重的战备训练任务，一些官兵想早脱军装奔小康。针对这种状况，部队开展了"珍惜岗位、珍惜前途、珍惜荣誉"的教育活动，引导官兵树立正确的人生观和价值观。

　　王伟积极参加部队组织的教育活动，更加坚定了自己的理想信念和人生追求。在一次航校同学聚会中，已经转业到民航的战友告诉王伟，他们现在一个月的收入相当于在部队一年的收入，并劝他尽快转业。王伟对此毫不动心，他对他们讲："谢谢你们的好意，我喜欢部队，我喜欢这身军装。"

　　在部队组织的人生观、价值观教育讨论会中，王伟说道："我刚到部队时，仅仅是为了实现儿时的飞天之梦。现在我明白了，作为一名军人，我要把自己的梦想与祖国的利益紧密联系在一起，在部队实现我的人生价值。"正因为有这样的思想基础，王伟视飞行为第一生命，苦练精飞，孜孜以求。

　　1997 年，王伟作为飞行尖子被挑选到某团驾驶改装歼 -8 Ⅱ 飞机。当时，歼 -8 Ⅱ 飞机是我国自行研制生产的最先进的歼击机，装备有先进的雷达、通信、导航等设备，科技含量高，对飞行员的素质、技术提出了更高的要求。

　　为尽快驾驭新装备，王伟刻苦学习航空理论，他把一些飞行数

王伟在训练场上用飞机模型模拟战斗机起飞的情景

据和操作程序编成顺口溜，走到哪，背到哪；他把图表贴在床头，睡觉、起床都不忘看上几遍；他把特勤处置方案输入掌上电脑，有空就拿出来复习。

　　他刻苦钻研飞行技术，总是把飞机模型装在兜里，时不时地拿出来比画几下；每一次座舱实习，他顶着海南的烈日，猫着腰在座舱里一待就是几个小时，汗水湿透了衣裳他也全然不顾。

　　他重视苦练加巧练，每次部队组织新进高难课目训练，他都针对训练中的技术难点，动脑子、想办法。为了提高地靶射击的命中率，他用纸片制成瞄准具反复演练，在训练中取得了很好的效果。

　　夜间编队飞行主要是根据航行灯来保持队形，但由于航行灯的光线较暗，不容易判断编队间的间隔和距离，对初飞者来说，难度高、风险大。一天晚上，王伟躺在床上反复琢磨夜间编队飞行的技术问题，突然，从门缝里透进的一缕月光，一下子触发了他的灵感。他翻身坐起，找出两把小手电当作长机的航行灯，独自在房间里反复体会，寻找在夜间编队中的感觉。进行夜间编队训练时，他果然飞出了好成绩。这种做法在战友中得到了推广，带动了部队科技练兵。在训练中，他对自己严格要求，精益求精，认真对待每一次飞行，飞好每一个起落。

王伟不仅是一名技术精湛的优秀飞行员，还是一名自觉用高科技知识武装自己的现代军人。他深深懂得：作为一名现代军人，要完成好自己的使命任务，打赢现代条件下的高科技战争，就必须用高科技知识武装自己。

王伟是团里最早购买个人电脑的飞行员之一。他利用大量的业余时间，一点一点地自学了三维动画。为了更好地掌握电脑技术，及时了解和研究外军的最新资料，他不顾工作繁忙，利用业余时间，刻苦自学英语。就在他牺牲的那一天，他休息室的书桌上，还摆放

王伟在家里的书房创作油画、在电脑上制作三维动画

着一本厚厚的翻开的英语辞典。

　　王伟不仅注重自身的学习研究，还把他的研究成果贡献出来与战友一起分享。在一次重大演习中，他所在的团担负夺取局部制空权的重要任务，王伟用自己学习的三维动画制作模拟空战轨迹、推演战术动作，让战友们观看，还精心地计算出飞行数据，并打印制作成卡片分发给参演的战友，为圆满完成这次重大任务做出了贡献。团里组织研究战术动作，王伟用电脑逼真地模拟战术演示动作，通过形象直观的演示，进一步提高了战术动作的可观性。

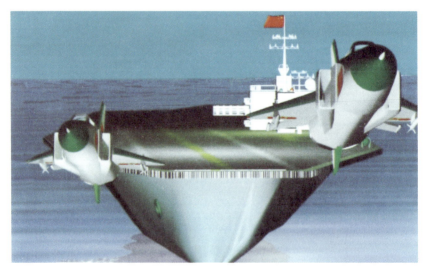

王伟制作的三维动画，模拟飞机在航母上起飞的情景

　　工作后的几年，王伟先后担负战备值班近 200 次，战斗起飞数十架次，最多时，一天内就有 3 次紧急升空。每一次执行战备任务，无论遇到什么复杂情况，无论有多么大的风险，他都能不辱使命，圆满完成任务。

　　在长年累月的战备训练和实践中，王伟磨砺成为艺高胆大的
"空中硬汉"。他在困难面前不低头，在危险面前不畏惧，英勇无畏
不怕牺牲。2001年1月24日，是农历大年初一。团里安排王伟战备
值班，那天下午3点左右，王伟和僚机正在研究战术，分析空情。突
然，一等战备的警报骤然响起，王伟和僚机一起迅速起飞，在指挥
所的引导下，很快发现了外军侦察机。为阻止外军侦察机对我国重
要目标的侦察，王伟和僚机采用小角度飞行迫使其改变航向，实现
将其外逼的目的。而狡猾的外军侦察机也不甘心无功而返，耍尽花
招企图将他们甩掉。外军侦察机利用其小速度、性能好的优势与他
们周旋，一会儿突然减缓速度，企图让他们的飞机冲前；一会儿做S
形急转，企图逼返他们的飞机。

《在南中国海上空巡航》相关报道

面对这种情况，王伟他们从容不迫，凭着强烈的使命感和过硬的飞行技术，采取灵活机动的战术，与外军侦察机进行了数十分钟的较量。外军侦察机见占不到半点儿便宜，只好灰溜溜地飞走了。

　　那次巡航归来，王伟非常高兴地说："我们驻守在祖国的南海前哨，我们的使命决定了我们的责任，我们的责任决定了我们的光荣。我们宁可战死，也不能被吓死。生气不如争气，一定要勤学苦练，熟练掌握手中的武器，随时为祖国的尊严、民族的利益而战，哪怕是粉身碎骨也在所不惜！"

　　王伟是这么说的，也是这么做的。飞行员都知道，平时飞行训练有风险，担负战备值班任务的风险更大，由于准备时间短，空中不可预见的因素多，随时都可能遇到突发情况。每次战斗起飞，与外军侦察机进行空中较量，既是飞行员技术和胆识的较量，也是对飞行员奉献精神的考验。

　　王伟为了履行神圣的职责，维护祖国的尊严，从来没有考虑过个人的安危。每次安排战备值班，他都抢着上；每次发现敌情，他都积极请战；每次领导交代任务，他都认真完成；每次战斗起飞，他都把生死置之度外。

　　2001 年 4 月 1 日，在王伟执行跟踪、监视美军侦察机任务时，美军侦察机突然大动作转向，向王伟驾驶的飞机横压过来，美军侦察机机头和左翼将王伟驾驶的飞机的垂直尾翼撞毁。此时，王伟依然沉着冷静，奋力挽救飞机，在飞机失去控制后才奉命跳伞，表现了大无畏的英雄气概。王伟的英雄壮举绝不是偶然的，是各级党组织教育培养的结果，是王伟不断加强自身修养和党性锻炼的结果；他的这种英雄无畏、不怕牺牲的精神源于他对军人神圣职责的深刻理解，源于他对霸权主义的强烈愤慨，更源于他对祖国和人民深深的爱。

2001 年 1 月 26 日，在《解放军报》发表的《戍边人讲述"春天的故事"》一文中，记载了王伟和战友写下的这样一段文字："我们在南海巡逻，美丽的西沙在机翼下闪过，可爱的西沙啊，愿你永远美丽，永远洒满和平的阳光！"

为了让祖国拥有和平的阳光，王伟把自己年轻的生命融进了他深深眷恋着的蓝天和大海，用英雄的壮举铸就了人生的辉煌！他是海军航空兵的杰出代表，他无愧于"海空卫士"的光荣称号！他的英勇壮举告诉我们，只有对祖国充满深深的爱，才能在关键时刻挺身而出，为祖国献身；只有每一个军人都乐于为国奉献，勇于为国献身，才能让我们的祖国真正享有和平的阳光！

英雄已随云端去，化作彩虹励千秋。

王伟在跳伞训练

万众一心

第五章

王伟！王伟！你在哪里？

王伟！你在哪里？王伟！你在哪里呀？

我们面对大海，一遍遍地呼唤；我们面对长空，一遍遍地高喊……

全力搜救王伟的14个日日夜夜里，从国家领导人到普通公民，从将军到士兵，从老人到孩子，从军队到地方，举国上下牵挂着王伟；14个日日夜夜，在南中国海展开了一场迄今为止我国规模最大、强度最高、范围最广的海陆空立体大搜寻；14个日日夜夜，亲人和战友望穿大海，每时每刻都盼望着王伟回来。

声声呼唤，情撼海天；滴滴热泪，情系英雄。

从得知王伟跳伞的那一刻起，海军航空兵各级首长就从指挥所发出了一道道指令，拉开了立体大搜寻的序幕。事发当天，海军、海航和南航的首长就亲赴陵水机场，实施一线指挥。4月1日上午9时10分，从西沙飞往海口的海军航空兵某运输团张建军机组，接到海军南海舰队航空指挥所命令后，立即改变航向，20分钟后第一个到达事发海域展开搜寻。由北京飞来陵水执行任务的某运输机团赵青松机组，也迅速起飞前往搜寻。[①]一天的紧张搜寻没有找到王伟，指挥所的工作人员彻夜未眠，紧急制定新的搜寻方案。

所有参加搜寻的同志竭尽全力，与死神争抢着分分秒秒。在那些日子里，许多领导和值班的同志吃住在指挥所，没有人睡过一

---

① 《人是最可宝贵的——搜寻我跳伞飞行员王伟纪实》，《人民日报》2001年4月14日，第3版。

参加搜救的海军官兵
在海上搜寻

参加搜救的海军直
升机机组人员在精
心研究飞行方案

个囫囵觉。运七机组从第一天开始参加搜寻，天天都是 5 点多到外场，6 点多起飞，每天都是高强度、超负荷飞行，副团长张建军所在机组每天的飞行时间都长达 10 个小时。轰炸机团副团长赵勋代表在陵水执行任务的轰炸机机组，在事发的当天，就向指挥部请战，他说："搜寻战友是我们义不容辞的责任，我们的飞机设备先进，观察视线好，机组人员技术过硬，全部是参加过国庆 50 周年大阅兵的成员。"从第二天开始，他们就连续出动，天天飞行搜寻八九个小时。

战友们抱着一线希望，做着 100% 的努力。当时南中国海正处在季风季节，平均风力 5 级到 6 级，浪高 3 米左右，海上漂浮物呈不规则运动，毫无规律可循，给搜寻工作带来很大困难。指挥部采取一切手段，想尽一切办法，及时调整和调动搜寻兵力，不断完善搜寻方案，扩大搜寻海域。

直升机、运输机、轰炸机从 50 米、300 米、1000 米的不同高度立体配置，全天全时监视着海面，进行着拉网式反复搜寻。海南的 4 月，烈日炎炎，气温已达 30 度，机场跑道上的温度高达 40 度，参加搜寻的机组人员每天吃住在外场。他们困了、累了，就利用加油和检查飞机的间隙在机翼下躺一会儿。但只要飞机一起飞，他们就抖擞精神，瞪大眼睛，生怕漏掉一个目标。

机舱内温度高得灼人，前舱温度高达 50 度，参加搜寻的同志个个汗流浃背，但他们依然全神贯注。参加搜救的战士们忘记了饿，忘记了累，忘记了热。海面反射的强烈阳光，刺得人眼睛非常难受，但没一个同志闭一闭眼，他们依然仔细搜寻着海面上一个个漂浮的物体，期待着奇迹出现。

直升机全天全时监视着海面，进行着拉网式反复搜寻

有一天，在 300 米高度搜寻的运输机又发现了一个非常类似救生设备的目标，直升机机组迅速赶往指定海域，一直下降到距海面只有 10 米的高度，看清是渔民抛弃的木箱，失望而归。

每次失望都给人们增添一分焦虑，焦虑中又蕴含着期待，在期待中竭尽全力。运八机组的潘润江是位 50 多岁的老同志，那天正赶上拉肚子，但为了参加搜寻行动，他一直不敢到航医那儿去拿药，怕被把了关，就自己找了几片黄连素，偷偷地用矿泉水送下，坚持天天上飞机参加搜救王伟的工作。而此时，他远在北京的妻子已经 3 次昏倒住进了医院，他顾不得病重的妻子，他说："如果这次我不能为搜寻战友尽力，我将后悔一辈子。"

从王伟出事的那一刻起，王伟所在师、团、站的战友们，就分秒不停地全力以赴投入搜寻工作。师长唐一平等领导日夜坚守在指挥所，团长范利平、政委张安都急病了、累病了，可他们还是拔下吊瓶坚守在岗位上。场站的上上下下为做好保障工作尽了最大的努力。

特别是与王伟朝夕相处的飞行员战友们，更是日思夜盼。他们人人请战，要求驾驶战斗机搜寻战友，要求上运输机寻找战友。有一天，副团长曾诚做了一个梦，梦见王伟回来和他们一起值班。值班时他没敢说，值完班后向另外两名值班的同志提起，谁知他们都做了同样的梦。和王伟住同一宿舍的战友叶潮嵩，每天晚上都要醒来几次，总感觉王伟已经回来了，就睡在对面的床上。王伟的战友们说，这些天，飞机一起飞，就盼着奇迹出现；每一次返回时，心还在天上，泪却流在脸上。

南海连着中南海，王伟跳伞落水的消息传到北京后，党和国家领导人对他的生命安危极为关注。按照党中央、国务院、中央军委的部署，搜寻王伟的力度进一步加大。2001 年 4 月 1 日，正在某海域进行训练的南海舰队舰艇编队接到命令后全速赶往出事海域，舰队首长亲自率舰参加搜寻行动。随后，其他部队的各型舰艇也紧急驶往出事海域，加入搜寻的行列。海面上，行进着一艘艘驱逐舰、护卫舰、导护舰。官兵们用无线电和红外装置、用望远镜、用肉眼等一切能够用得上的手段进行搜寻。晚上，他们将舰艇上所有的灯打开，生怕漏掉和错过哪怕一点点希望和机会。14 天里，参加搜寻的官兵顶烈日，战风浪，个个恪尽职守，许多同志为了尽早找到战友，日夜站在颠簸起伏的甲板上，连吃饭都不肯回舱。在辽阔的海面上，不时回荡起焦急的呼喊声："王伟，你在哪里？"

王伟的安危牵动着全国人民的心，搜救王伟的行动凝聚着党心、

军舰紧急驶往出事海域，加入搜寻的行列

军心、民心。在国家海上搜救中心，时任交通部部长黄镇东亲自坐镇，指挥富有海上搜救经验的 3 艘救捞船，在重点海域日夜搜寻。广州救捞局除在事发当日派出"穗救 202"号外，又于 2001 年 4 月 4 日派出设备最先进的"德跃"号。2001 年 4 月 8 日，交通部电令"嘉山关"号、"开拓号 9"、"进取号 3"、"明泽湖"号等船只集结到出事海域，全力以赴投入搜寻行动。

时任海南省委书记杜青林也亲赴陵水指挥海南人民参加搜救。正在海上作业的海南渔民积极地投入搜寻行动中。他们说："海南是王伟的第二故乡，海南人民为有王伟这样优秀的飞行员而骄傲，我们牵挂着他，希望能够尽早找到他。"许多出海的渔民已经鱼虾满舱，在返航途中得知王伟跳伞后，顾不得回港卸下已经到手的劳动果实，顾不得由此造成的经济损失，立刻调转船头，投入搜寻王伟的行动中。

2001年4月1日晚上，香港渔民何志民、何志森兄弟的"珠湾393"号渔船正停靠在三亚港，得知王伟跳伞的消息后，立即连夜开船赶往出事海域，并用对讲机与其他港澳台渔船通报情况，他们说："大家都是中国人，心情是一样的。"

仅三亚港，就有百余艘港澳台渔船参加了搜寻。沿海城镇、乡村的广大群众，也自发投入这场空前的大搜寻。三亚市崖城镇，一个晚上就出动了3870余人，沿着197.2公里的海岸线一段一段地搜寻。他们在海岸线上设置瞭望哨，24小时派人值班瞭望观察。① 2001年

渔船与救生船在广阔的海域上搜寻

① 《长篇：撞机事件发生后的20多个日日夜夜》，中国新闻网，2001年4月24日，http://www.chinanews.com.cn/2001-04-24/26/87683.html。

4月10日那天，这个镇的民兵分队前往石洲岛搜寻，在快艇刚要启动时，一位中年妇女抱着一个装满冰块的保温瓶，让搜寻人员带上，她说："王伟已在海上十天了……找到他让这位好兄弟含上一块，他渴啊！不能猛喝水……"[1] 这发自内心的深情，让每一个在场的人为之落泪。

陵水黎安镇78岁的老党员郑关伟，是位参加过抗美援朝战争的老战士，当他得知王伟失踪的消息后，每天天不亮就来到离他家几里地远的海边，沿着16公里长的海岸线来回寻找，直到晚上看不见了才回家。老人动情地说："我老了，出不了海，在附近海岸边找找是我的心意。"

截至2001年4月14日18时，为了搜寻王伟，海军共出动飞机

飞机、舰艇在海上累计搜寻海域面积达30多万平方公里

---

① 《中国搜救跳伞飞行员王伟纪实》，中国新闻网，2001年4月13日，http://www.chinanews.com.cn/2001-04-13/26/85496.html。

115 架次、舰艇 113 艘次，交通部、广东和海南省共出动救生船、渔政船、渔船和其他机动船只 1000 多艘次。军民共出动搜寻人员 10 余万人次，在 8.3 万平方公里的范围内反复搜寻，包括其中的岛礁和沙洲，并在 200 多公里的海岸线上进行了认真寻找。①

在 14 个日日夜夜里，举国上下牵挂着王伟，人们用各种方式表达着他们对英雄的敬意，对英雄家庭的关爱。一位某旅老战士的后代冯乔勇，专程从新疆赶到陵水机场，要求看望王伟的家属。他高举着写有"中国人民不可辱"的条幅，哭着说："王伟是好样的，王伟是我们中国人的骄傲！"

14 个日日夜夜的大搜寻，大家望穿双眼，没有等到英雄王伟的归来……他用最美丽、最壮丽的瞬间，雕塑出了一个最灿烂、最辉煌的永恒！

王伟精神不死，他与中华民族同在，他永远活在人民心中。王伟没有离去，他永远前进在海军航空兵的出航序列里，永远飞翔在海军航空兵的战斗编队中！

---

① 《大规模搜救我跳伞飞行员王伟的行动结束》，《人民日报》2001 年 4 月 15 日，第 2 版。

魂铸海疆

第六章

　　大海肃穆，乌云低垂，细雨
纷飞，人民海军以最隆重的方
式——海祭，为王伟送行……

2001 年 4 月 26 日，在南中国海的一片深海里，海军为"海空卫士"王伟举行了隆重的海祭。大海肃穆，乌云低垂，细雨纷飞，人民海军以最隆重的方式——海祭，为王伟送行……

汽笛长鸣，哀乐阵阵，我在人们的搀扶下走向"常德"舰。连日来的悲痛，已使我失去了力气，但心底却有一个坚定的声音在呼喊："一定要挺住啊，今天我要陪我的阿伟走完最后一程。"战舰在微微海风中起航，缓缓驶向那朵洁白的伞花飘落的海域……

汽笛悲咽地长鸣，大海悲恸地哭泣，哀乐悲戚地低回，战舰慢慢地降下半旗。战友们在甲板上列队肃立，向王伟致以庄严的军礼！我靠在甲板右舷，已经没有了泪水，面朝大海，仰望着蓝天上缓缓飘动的白云，在心中对丈夫诉说着自己的思念和悲伤："阿伟啊，记得你曾对我说过，你是天上的风筝，飞得再高再远，线都在我手中攥着，只要我不松手，不管飞到哪里，你都会回到我的身边。可我没有松手，真的没有松手啊，你怎么就飞走了呢？如今你已经飞得好远好远，走得好远好远，我用眼睛已经无法看到你的身影，我只能用心灵和你对话，用心灵伴你同行……

阿伟啊，我还没有给你过 33 岁的生日呢，要是知道你要走那么远的路，我一定会让你带上我的生日礼物，这样，在那永远也飞不到尽头的漫漫航程中，在那永远也靠不到岸边的茫茫大海中，你就会觉得有你心爱的妻子在陪伴着你，你就不会那么孤单，你就不会那么孤独、那么寂寞……可你走得那么匆忙，我没来得及、没来得及啊……"

2001 年 4 月 26 日，海军在海南岛东南海域为王伟举行了隆重而悲壮的海祭仪式

到了，那名血性男儿的生命坐标；到了，无垠大海上那片英雄的墓地……从将军到士兵，所有的人都在甲板上肃立，向着那片没有任何标志的墓地致以庄严的军礼！此刻，所有人的心灵都感受到了——一座无形的丰碑正从那片海域慢慢升起……

此时此刻的我终于哭出了声，我扑向舰舷，泪流满面地朝着大海喊："阿伟啊，你在哪里啊？你心爱的妻子来送你了！"我用我们亲手种植的三角梅编成了一个花环，将它送进了碧波万顷的南中国海……

首长、亲人手捧鲜艳缤纷的花瓣，缓缓地撒向你长眠的地方，花儿飘着舞着飞向你！今天我来看望你，我用所有的爱亲手编织一个美丽的花环，轻轻地，我把它献给你。

海祭仪式上，阮国琴把亲手制作的花环送进大海，告别王伟

亲情、友情、爱情，凝聚成无限深情；鲜花、泪花、浪花，汇成不尽哀思……阿伟，你为国献身，虽死犹生，你将永远与大海同在！

"兄弟／你就这样地走了／静静地 像退去的潮汐／悄悄地 没有一句话语／泪水啊 不要流／海涛啊 不要哭／我的兄弟他不会走／每一座礁石都是你威严的身躯／每一朵白云都是你悠扬的歌曲／王伟我们的好兄弟／你的名字将永远铭记在每个中国人的心里"阿伟，你听到了吗？这是人民的怀念。

"你是中华民族的雄鹰／你永远翱翔在祖国的天空／晴空万里／你在天上画出美丽的彩虹／黑云压顶／你迎着闪电雷鸣／搏击长空"阿伟，你听到了吗？这是人民的赞颂。

"白花飘落泪似雨，花雨纷纷悲歌泣。碧海浪涛接天际，送别英雄远行去。英魂何时回军旅，战友遥遥梦中聚。同饮一杯庆功酒，邀游苍穹舞旌旗。"阿伟，你听到了吗？这是战友的深情思念和真情相约。

阿伟，你巡航在远方，你飞翔在哪里？海里有一叶高扬的帆，天上有一片洁白的云。我看到了天边的白云，知道你永远翱翔在蓝天；我看到了海里的白帆，知道你永远追求理想；我感到了海浪的起伏，似乎触碰到了你有力的脉搏。我不信，你要长长地、慢慢地与我分离。我多想，再紧紧地拥抱你一次；我多想，再深情地吻你一下……

阿伟，你巡航在远方，你飞翔在哪里？你飞得太高、太远了，我用眼睛已无法看到你的身影，但我用心灵为你作伴，慰藉你旅途的寂寞和孤伶。

"海空卫士"王伟的追悼会在陵水部队举行

阿伟，我们就要返航了，那我给你唱一首歌吧，你曾经唱给我听的歌，让歌声永远陪伴你，我与你同在："轻轻地我将离开你，请将眼角的泪拭去，漫漫长夜里，未来日子里，亲爱的你别为我哭泣……没有你的日子里，我会更加珍惜自己，没有我的岁月里，你要保重你自己……"阿伟，这是我们亲手培植的三角梅，花里有你我的爱情，花里有你我共同的心愿，我把它放在你的身边，和我的心一起留下来陪伴你，好吗？再见了，我的阿伟，我会再来看你的，一定……

亲人和战友们也手捧花瓣缓缓地撒向王伟长眠的地方，缤纷的花瓣铺成了一条回家的路。

阿伟呀，你跟我魂归故里吧……

刹那间，湛蓝湛蓝的海面上漂满了五彩缤纷的花儿，那是在为王伟的英灵做最后的祭奠，那是英雄的绝唱飞扬在海上永不消失的音符……

荣誉功勋

第七章

中央军委授予王伟同志"海空卫士"荣誉称号，这是党和人民对王伟同志的最高褒奖，是全军指战员的光荣和骄傲。

2001 年 4 月 24 日，中央军委授予王伟同志"海空卫士"荣誉称号命名大会在北京隆重举行。

中央军委授予王伟同志"海空卫士"荣誉称号命名大会现场

上午 9 时，命名大会在雄壮的中华人民共和国国歌演奏声中开始。中央军委副主席迟浩田宣读了江泽民同志签署的中央军委授予王伟"海空卫士"荣誉称号的命令。命令指出，王伟同志从小立志报国，高中毕业后自愿应征入伍；在军校刻苦钻研飞行技术，学习成绩优异；在部队苦练精飞，成为四种气象飞行员（全天候飞行员），经常担负重大任务，多次立功受奖。这次在执行对美国军用侦察机跟踪监视飞行任务时，他坚毅果敢，沉着冷静，英勇顽强，用生命谱写了一曲爱国主义和革命英雄主义的壮丽凯歌。王伟同志具有远大革命理想和崇高献身精神，他模范践行我军根本宗旨，忠实履行我军根本职能，是新一代革命军人的杰出代表。[①]

时任中共中央政治局常委、国家副主席、中央军委副主席胡锦涛，在中央军委授予王伟同志"海空卫士"荣誉称号命名大会举行前，亲切会见了王伟同志亲属及生前所在部队代表，并代表主席，代表党中央、中央军委向他们表示亲切的慰问。

胡锦涛说，王伟同志是中国人民的优秀儿子，是新时期我军指战员的杰出代表。他以崇高的爱国主义精神和一往无前的革命英雄主义气概，忠实地履行了党和人民赋予我军的光荣职责，坚定地捍卫国家主权和民族尊严，用自己年轻的生命，谱写了一曲英雄的壮歌。王伟同志是为祖国、为人民而献身的，他的牺牲重于泰山，祖国人民将永远怀念他。

他指出，4月20日，江主席在会见王伟同志亲属及生前所在部队代表时，高度赞扬了王伟同志的英勇事迹和崇高思想品质，要求全国各族人民把强烈的爱国热情化为巨大的强国力量，努力推进改革开放和现代化建设事业。我们一定要认真贯彻落实江主席的重要指示精神。广大共产党员、共青团员和全军指战员，都要以王伟同志为榜样，学习他热爱祖国、忠于职守、不畏艰难、竭诚奉献的崇高精神和品格，把对王伟同志的怀念变为做好各项工作的实际行动，为把我国建设成为富强、民主、文明的社会主义现代化强国，为实

---

① 《中央军委授予王伟"海空卫士"荣誉称号命名大会在京举行》，《人民日报》2001年4月25日，第1版。

中华人民共和国民政部授予王伟"革命烈士证明书"

现中华民族的伟大复兴贡献智慧和力量。①

　　时任中共中央政治局委员、中央书记处书记、中央军委副主席张万年向王伟的妻子阮国琴颁发了中央军委授予王伟的一级英模奖章和荣誉证书。

　　张万年说，王伟同志是新时期人民军队涌现的又一位英雄战士，他的英勇行为，充分体现了我军官兵捍卫国家主权、维护民族尊严的坚强决心，体现了革命战士忠于祖国、无私奉献、勇于牺牲的崇高境界，展示了新时期人民军队的崭新风貌。中央军委授予王伟同志"海空卫士"荣誉称号，是党和人民对王伟同志的最高褒奖，是全军指战员的光荣和骄傲。

　　张万年指出，4月1日，美国军用侦察机在我国海南岛近海空域

───────────

①　《胡锦涛会见王伟亲属及生前所在部队代表》，《人民日报》2001年4月25日，第1版。

撞毁我军用飞机的严重事件发生后，党中央、国务院、中央军委对王伟同志的安危极为关切，江泽民同志多次指示，要不惜一切代价，动用一切手段，全力组织搜救。海军及地方有关单位和人民群众，克服海上恶劣环境和复杂气候等困难，连续奋战了14个昼夜，展开了大规模的搜救行动。全国各族人民以各种方式表达了对王伟同志安危的牵挂之情。这些，生动地体现了党和人民对子弟兵生命的无比珍视，体现了中华民族的伟大凝聚力。

张万年强调，美国军用侦察机撞毁我军用飞机事件，责任完全在美方。多年来，美方不顾我国多次严正交涉，频繁派飞机到我近海空域实施危害我国安全的侦查活动，是导致这一事件发生的根源。我军为维护国家主权和安全，对其实施跟踪监视，符合国际惯例，是完全正当的行为。这次撞机事件，美机是肇事者。美机肇事后未经许可进入我国领空，并降落于我军用机场，侵犯了我国的领空和主权，损害了我国的安全利益。对这一事件，全国各族人民和全军指战员义愤填膺，强烈谴责美方的霸道行径。美国政府应当正视侵犯中国主权的严重事实，向中国人民作出交代。美国只有停止在我国近海进行侦察活动，才能从根本上防止类似事件再次发生。

张万年说，在处理这次事件的过程中，以江泽民同志为核心的党中央采取了一系列正确的决策和方针，体现了我国维护世界和平、不畏强权的大国风范。对我们党和政府处理这一事件的严正立场和作出的各项重大决策，全军指战员完全拥护，坚决支持。

张万年指出，进入新世纪，霸权主义和强权政治依然是影响和危害世界安全稳定的主要根源。我军是保卫祖国的钢铁长城，肩负着维护国家主权、安全和统一的神圣使命。全军广大指战员要以王伟同志为榜样，学习他坚定的政治信念、远大的报国志向和对党对人民的赤胆忠诚；学习他严格训练、刻苦钻研、精益求精、努力掌握现代军事技术和作战本领的进取精神；学习他忠于职守、临危不惧、英勇顽强的大无畏英雄气概；学习他热爱生活、热爱工作、团结同志、乐于奉献的高尚情怀，时刻牢记肩负的神圣使命，居安思危，常备不懈，始终保持高度警惕，坚决完成党和人民赋予的任务。①

　　我在命名大会上，作了如下发言："尊敬的首长、同志们，今天，我作为王伟的妻子参加这次命名大会，心情无比激动。此时此刻，我为我的丈夫感到无比自豪！对党、国家和军队给我们全家的关怀，我表示衷心感谢！

　　在王伟下落不明的日子里，党、国家和军队的领导同志，对他的生命安危倾注了极大的关怀；海军领导、王伟的战友，以及地方的许多同志，不惜一切代价，动用一切手段，全力进行搜救；全国人民包括一些国际友人，也以各种形式表示深切的关心。王伟牺牲以后，军队和地方领导，以及各界群众代表，深情地看望和慰问我们，特别是江主席等国家领导同志还亲切接见了我们全家。借此机会，我代表王伟的亲属，向各级领导，向参加搜救的军队和地方的同志们，向所有关心王伟的人们，表示深深的谢意！

　　王伟不愧为忠诚的'海空卫士'。他虽然已经走了，但永远活在

---

① 《中央军委授予王伟"海空卫士"荣誉称号命名大会在京举行》，《人民日报》2001年4月25日，第4版。

阮国琴在中央军委授予王伟"海空卫士"荣誉称号命名大会上发言

我的心里。我和王伟高中时是同班同学，结婚已经 8 年多了，作为他最亲近的人，我深深地知道，他非常非常珍视和热爱我们这个家。对父母他非常孝敬，对我和儿子他非常疼爱。平时，他不论多忙，都要挤出时间给老家打个电话，问候老人的饮食起居，向老人报一声平安。每次执行任务回来，无论多累，他都抢着帮我洗衣做饭，照顾孩子。他不愧是一个好儿子、好父亲、好丈夫。但我也深深地知道，他爱我们这个小家，更爱祖国这个大'家'，国家的主权、民族的尊严、人民的利益，在他心目中有着至高无上的位置。我们的家乡是一个山川秀丽的城市，我也有一份理想的工作，可是为了支持王伟所热爱的事业，我放弃了城市的工作，随军到了海南。我们虽然调到了一起，但他经常执行任务，还是分多聚少，越是节假日战备任务越重。今年的除夕，正是万家团圆的时候，他和他的战友却驾驶着战鹰在祖国的南海巡航。我们的收入不高，生活也不算富裕，可是当朋友要他转业到收入较高的单位工作时，他不为所动，婉言谢绝。他酷爱自己的飞行事业，潜心钻研，孜孜不倦。他喜欢电脑，在电脑上做得最多的是模拟空战；他喜欢画画，画得最多的是飞行场景，他未完成

中央军委授予王伟"海空卫士"荣誉称号的荣誉证书

的最后一幅画，就是手拿飞行模型训练的情形。他已经把飞行事业融入了自己的生命。

　　江主席亲自签署命令，中央军委授予王伟'海空卫士'荣誉称号，这是王伟的光荣、我们全家的光荣，也是王伟战友们的光荣。王伟作为一个革命军人，做了他应该做的工作，尽了他应该尽的责任，党和人民给予了他崇高的荣誉，这既是对他英雄事迹的褒奖，也是对我们全家的安慰和激励。作为他的妻子，我一定牢记江主席的谆谆教导，不辜负党和人民的殷切期望，化悲痛为力量，努力工作，把孩子好好抚养成人，让他继承王伟的遗志，完成王伟未竟的事业，永远忠于党、忠于祖国、忠于人民！"

　　共青团中央、全国青联作出决定，追授王伟同志"中国青年五四奖章"，并号召全国各族青年向王伟同志学习。决定指出，王伟同志从小立志报国，高中毕业后自愿应征入伍，在部队勤勉敬业，意志坚定，全身心投入飞行事业。他努力学习高科技知识，刻苦钻研飞行技术，无论驾驶哪种战机，他都能做到地面苦练、空中精飞，成为四种气象飞行员，每次飞行考核成绩都是优秀。他积极进取，在军校学习时，第一个当班长、区队长，第一批入党；在部队改装歼-7飞机时，他第一个放单飞，始终保持昂扬的精神状态。他经常担负重大飞行任务，多次立功受奖。这次在执行对美军用侦察机进行跟踪监视的飞行任务时，他坚毅果敢，沉着冷静，英勇顽强，用生命谱写了一曲爱国主义和革命英雄主义的壮丽凯歌。王伟同志是新一代革命军人的杰出代表，是英勇的"海空卫士"。王伟同志的身上，集中体现了青年一代理想远大、勤于学习、勇于实践、胸怀祖国、服务人民的时代风貌，他是新时期全国各族青年学习的榜样。决定要求各级共青团、青联组织要广泛开展向王伟同志学习的活动，大力弘扬爱国主义和革命英雄主义精神，引导广大青年把强烈的爱国主义精神转化为勤奋学习、努力工作、建功成才、强我中华的实际行动。

2019年9月25日，我参加了在北京人民大会堂举办的"最美奋斗者"表彰大会。"最美奋斗者"是中华人民共和国成立70年来，各地区、各行业、各领域涌现出来的先进模范，共278人。他们忠诚于党、报效祖国，扎根基层、奉献人民，在各自岗位上做出了非凡业绩，赢得了人民的广泛赞誉。表彰活动给予他们崇高礼遇，体现了党和国家对奋斗者的尊崇褒扬，牢记他们为党和人民做出的重要贡献。我代王伟接受了具有时代感的"最美奋斗者"的荣誉称号。

2001 年 4 月，共青团中央、全国青联追授王伟同志"中国青年五四奖章"

2019年9月，中共中央授予王伟"最美奋斗者"荣誉称号

海军政治部号召向"海空卫士"王伟同志学习

中国集邮总公司广大职工怀着对王伟同志的崇敬之情，发行《向"海空卫士"王伟同志学习》纪念封，图为三版纪念封正面

附录：

阮国琴在"海空卫士"王伟事迹报告会巡回演讲途中的日记

第一封日记　第一场巡回报告

伟：

今天晚上，我们报告团在南航的露天会场作了第一次演讲，演讲报告团由海航宣传处陈永平副处长组稿和定稿，小岳作多媒体制作人，王忠、陆主任、周珏、陈所长和我组成一个团体，准备按北京—东航—北航—湖州的路线进行巡回演讲，主要讲你的精神。

伟，我从来没有演讲过，但这次不同，我不是在演讲，而是在讲你，我深爱的丈夫。我曾说过，金子总是金子，它永远会发光的。你是金子，发光了，照亮了所有中国人的眼睛。你的气概，你的勇敢，证明你是一个真正的军人和男子汉！我为你感到骄傲和自豪。

但我始终不相信你会真的离开我，知夫莫如妻，你平时飞行技术那么好，胆大心细，怎么会在跳伞自救后一点踪影都没有①？凭我对你的了解，你应该有这个本事自救的。平时我常常拿出地图，看着海南地图这块发呆。你在哪里？你在哪里？找不到心爱的人，我每天的心都是撕碎的，我告诉我们的儿子："爸爸跳伞了，现在还没有找到，我们一定等爸爸回来。"伟，你听到，你听到我对你的呼唤了吗？要是你永远回不来了，等我们的儿子长大成人，像你一样成了一个真正的男子汉，不需要我的照顾了，到那时，我会过来陪你，

---

① 编辑对日记内容进行了必要的编校处理。

阮国琴隐忍王伟离去后的痛楚

我不会让你太孤单、太寂寞，你的妻子会来陪伴你，不管是上天堂还是下地狱，我们的魂永远要交织在一起。爱一个人原来是这样的，对死亡竟毫无惧怕，为所爱的人做他未做完的事，然后等一切都结束后，再坦然地迎接死亡，这是怎样的一种从容和坚定！

　　伟，不管你在天堂，还是人间，我只希望你一路走好！你的精神，你视祖国的利益高于一切的人生观，我会帮你在巡回演讲的报告会上体现出来，能体现多少尽力体现多少。你的才气，你的聪明，不用再压抑；你对飞行事业的热爱是那样的执着；你将一个军人的职责表现得是那样明确。

　　你是一个合格的军人，我要把你的这种精神体现出来，这就是我要为你做的一件事，我爱你，最亲爱的丈夫……

2001 年 5 月 24 日

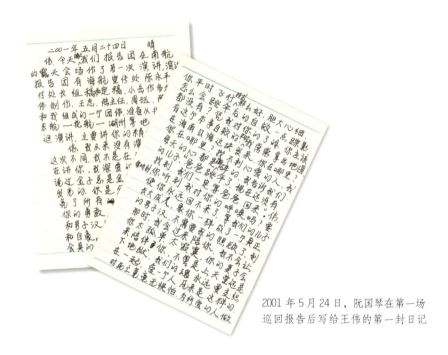

2001年5月24日，阮国琴在第一场
巡回报告后写给王伟的第一封日记

第二封日记　身体力行

伟：

今天我们"王伟事迹报告团"一组，从北京海航部队乘专机来到路桥机场，到了航某师路桥某部队。在这以前，我们从南航到了桂平，在桂平做了第二次报告会，桂平是边远地区，条件比较艰苦，所以在那次报告会上，由于话筒没有放到合适的位置，我做报告结束后，一只脚已经麻木了，站不起来，也不能动，回不了座位上。虽然报告会是成功的，但我有点儿力不从心，所以在海航机关做第三次报告会时，我就注意了，做报告时，脚和身体要稍微动一下。

来到航某师，看到一个"海空英雄团"部队，我被深深地震撼了。这是个英雄的部队，我仿佛看到了，你就是他们中的一员，有多少像你一样的飞行员在这里成长，成为英雄。

　　王伟，你是民族的英雄，是时代的英雄，我要做你未竟的事业，要宣扬你的精神，提高民族的尊严感，我能做多少尽量做多少，为了你，我深深爱着的丈夫。我，你的妻子绝不让你白死，你的战友们会为你、为中华民族争这口气，决不让美国再在我们的领空挑衅。

2001 年 6 月 1 日

王伟同志的英雄事迹极大地鼓舞了全军官兵和全国各族人民，全国各地开展"海空卫士"王伟同志事迹报告会，学习王伟的崇高思想和英雄事迹

第三封日记　夜不能寐

王伟：

现在是凌晨1点，可我还是睡不着，因为我每时每刻都在想着你。

早晨，九点钟就要在海军大礼堂做报告，这是最后一场“王伟事迹”报告会，也是我为你做的最后一次宣传，我要尽自己的努力做好最后的宣传。尽一个妻子的责任和义务。王伟，我深深地爱着你，尽管我的心在痛，我的眼睛已痛得不能受光线的强烈照射，我的喉咙已肿痛，但我一定要坚持把最后一次报告做完，并且做好它，王伟，你心疼我吗？……

看着王伟的雕像，阮国琴诉说着对王伟的思念

可王伟，我还没有爱够你，没有再更好地爱你，你就这样残忍地不顾我和你6岁的孩子，离我们而去。伟，你告诉我，叫我怎样面对这一切，我爱你，真的好爱你，我怎能没有你？！9年了，我可从来没有离开过你，你怎么说走就走，竟不跟我说一句告别的话，这对我不公平！伟，你是爱我的，非常地爱我，告诉我，让我怎样面对没有你的日子？！生活会是怎样？让我坚强起来，为了我们的孩子，我

一定要坚强！

2001 年 7 月 4 日

2001 年 7 月 4 日，阮国琴在最后一场"海空卫士"王伟同志事迹报告会前写给王伟的日记

第四封日记　责任与坚强

伟：

　　好久没写日记了，因为，我在痛苦中挣扎着想把你忘记——这是不可能的，忘记你是不可能的，所以我很痛苦、很迷茫。那段日子，我没有勇气一直生活在痛苦中，所以我曾想过到我们生活过的地方——海南，到海边的南山寺守着你的魂，出家当尼姑陪着你一辈子。

　　是我们的孩子，让我放弃了这一念头。我是个妻子，还是个母亲，孩子让我在妻子和母亲之间做了选择。是妻子，我要陪着你选择死亡，因为我没有你，生活毫无意义；是母亲，要选择责任，把孩子培养好、培养成才是我的责任，孩子需要爱啊！要是我也跟着你走了，孩子太可怜了，为了我们那可怜的孩子，我必须在痛苦中挣扎着活下去。生活，你考验我吧，让感情的痛苦考验我的意志，来吧，让我振作起来……

2001 年 9 月 4 日

王伟与阮国琴结婚后第一次旅游时，在杭州植物园的合影

情深义重

　　蓝天作证，大海为怀，我们将永远怀念他，全国人民将永远铭记我们的"海空卫士"王伟，大爱无疆。

2001 年 4 月 1 日，王伟跳伞失踪以后，他的安危牵动着亿万人民的心。在我悲痛欲绝的时候，收到了一封封来自全国各地、各行各业的群众的来信①。这些信件饱含着深情，感人至深，温暖着我的心，给了我活下去的勇气和信心。

浙江省湖州市童星园小熊（二）班小朋友的来信

亲爱的阿姨：

您好！

我们是小熊（二）班的小朋友，我们都是王子的好朋友，王子现在好不好？我们可想他了，我们还在电视里看到王子和您了。让他快回来和我们一起玩儿吧！王子、肖老师和我们种的种子都已经发芽了，我们每天都给它浇水，等王子回来的时候我们就可以一起去看了。

王伟的儿子（右三）
接受湖州市童星园
小朋友送给他的礼物

① 编辑对少数书信内容进行了必要的编校处理。

阿姨，我是王子最好的朋友，我叫唐朝，我们最好了，我们每天一起在幼儿园里上课，上个星期王子还打电话给我，还有其他小朋友也很想王子。

阿姨，我是和王子一起读全托班的，我叫张锦峰，我想死王子了，熊老师每天都给我们讲好听的故事，还看动画片《奥特曼》——王子最喜欢看的。我回家的时候，爸爸妈妈说王子的爸爸是个大英雄，我长大了也要和叔叔一样。王子，你快回来，我还等你和你一块儿下围棋呢。

阿姨，我是王文珏，电视里说您生病了，您快点好起来吧，我的五角星已经比王子多了。还有谢函晴说，她要把拼图借给我们，我要和王子一起拼。

阿姨、王子，我在电视里看到你们了，王子的爸爸真了不起，比奥特曼还厉害。

祝阿姨身体健康！

童星园小熊（二）班小朋友口述　教师笔录

2001.4

浙江省湖州市童星园小熊（二）班小朋友的来信

北京建华实验学校六年级二班全体同学的来信

亲爱的阮阿姨：

　　您好！

　　我们是北京建华实验学校的六年级学生，我们十分理解您现在的心情。王叔叔的动人事迹已在全国上下传开，他成为我们中国人民心目中的英雄，他那种大无畏、爱祖国的精神值得我们学习。作为新一代的接班人，我们还不能为祖国站岗放哨，没有能力像王叔叔那样捍卫国家，但是我们能做的是好好学习，将来使我们的祖国更加强大。

　　昨天听校长说，您的孩子王子小弟弟要来我们学校上学，我们感到十分高兴，也感到十分荣幸。您可以放心，王子小弟弟来后，我们一定好好照顾他，就像自己的小弟弟一样来对待他，让他感到家的温暖。

　　好了，阮阿姨，我们今天就写到这儿了，愿我们的信能给您带来一份好心情。阮阿姨，最后我们北京建华实验学校六年级二班的全体同学向您及您的家人致以少先队员最崇高的敬礼，祝您早日康复！

北京建华实验学校六年级二班全体同学

2001 年 4 月 11 日

王伟牺牲后，王伟的儿子第一次到北京海军大院时的留影

王子在北京建华实验学校上学时被评为"文明生"

北京市海淀区七一小学六年级（1）班中队全体少先队员的来信

敬爱的阮国琴阿姨：

　　您好！

　　我们代表七一小学六（1）中队全体少先队员祝您节日快乐，我

阮国琴到北京市海淀区七一小学给同学们讲英雄王伟的故事

们希望您在新的岗位上认真学习江主席的"三个代表"重要思想，学习党的十六大文件，刻苦钻研科学技术，在国防建设中，发挥您的聪明才智，为科技强军，贡献自己的力量。

我们要努力学习，严格要求自己，文明礼貌，在星星火炬的旗帜下，好好学习，天天向上，做合格的少先队员，向阮阿姨致以崇高的队礼！

七一小学六（1）中队

全体少先队员

2003 年 3 月 8 日

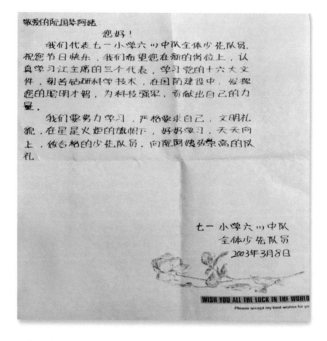

北京市海淀区七一小学六（1）中队全体少先队员来信

孩子们的心愿

我要让小鸟把大海填满，我要

让太阳把大海晒干。

我想 让王伟叔叔快点回

家。

冯宇
雷思南
2001.4.12

冯宇、雷思南小朋友的来信

小朋友送来的画——《祈盼》

湖州师范学院外语系 00331 班全体同学的来信

尊敬的国琴大姐：

　　您好！

　　我们是湖州师范学院外语系 00331 班的学生，我们从新闻中得知您丈夫奋不顾身维护国家安全的英勇事迹，万分感动！我们为能有这样一位好大哥而感到骄傲和自豪！您丈夫的安危牵动着亿万人民的心，我们每天都准时收看《新闻联播》，盼望着能得到您丈夫平安归来的消息。

　　这十几天来您一直处于焦虑而又痛心的等待之中，我们感同身受。我们也想为您和您的家人分担点什么，如果有任何可以做的事，我们都会全力以赴。但是现在，我们能做到的就是给您和王伟大哥寄去这封信、这千只纸鹤和这份发自心底的问候。

　　有这样一种说法，当折满一千只纸鹤时，心愿就会实现，心中所想、所念、所盼望的人就会出现在面前。我们每个人折纸鹤时，都在心里反复地默念："王伟大哥，快回来吧！"

　　我们相信，当您收到这一千只纸鹤时，王伟大哥一定会回到您的身边。同时，我们也祝愿您能尽快康复。您是一位坚强的女性，相信您一定能渡过这最艰难的一关，迎接幸福的到来。

　　愿这千只纸鹤能为您和家人带来好运。

湖州师范学院外语系 00331 班全体同学

2001 年 4 月 13 日

湖州师范学院外语系 00331 班全体同学来信

阮国琴在湖州师范学院宣讲王伟事迹报告会上

阮国琴在湖州师范学院与艺术学院、音乐学院的老师和同学们座谈

华东政法学院国际法系 0023 班女大学生的来信

尊敬的阮国琴女士：

　　您好！

　　我们是华东政法学院国际法系 0023 班的女大学生。首先，请容许我们向您和您的家人表示最诚挚的敬意和慰问！

　　尽管，我们在空间上是相离的，但请您一定相信，我们的心是紧紧贴在一起的。通过电视、通过报刊、通过网络，我们的眼睛紧紧地跟随着您和您的家人，您的悲痛也正是我们最真切的悲痛！对于美国的霸权行径，我们感到强烈的愤慨！我们一定要讨回公道，英雄不能被诋毁，您的泪不能白流！

　　一个个画面在我们眼前闪过，我们的脑海中浮现出的是一个多么美满幸福的家庭——尽责爱家的丈夫，温柔善良的妻子，聪明可爱的孩子。我们似乎能够感受到您的幸福、您的欢笑。但 4 月 1 日，这个遭魔鬼诅咒的日子，无尽的痛苦倾泻在南海的上空。那寻找英雄王伟的 14 天里，您心底里深情的呼唤和真切的祈求，无不牵动着我们的心。当希望之火渐渐熄灭的时候，我们能够感受到您的焦灼和揪人心肺的悲痛！

　　王伟同志，您最亲爱的爱人，是我们最敬爱的英雄，他是我们青年学习的榜样。我们的热血因他的英雄行为和崇高的爱国精神而沸腾！

　　王伟走了，带着对您的爱，带着对孩子的爱，带着对一切美好事物的爱！从王伟亲手绘制的图画和装载着他的梦想的飞机模型中，我们知道他是个热爱生命的人。我们相信他一直希望您和您的孩子快乐幸福。我们永远不会忘记王伟烈士，但我们还应做得更多，对吗？您的孩子是这样的可爱，他需要您的爱，需要您牵着他的手走出悲痛。我们坚信，您会是个坚强的妻子，您会是个坚强的母亲，我们真心的祝福永远伴随在您的身边，永远守卫着您前行的道路！

最后，我们再一次向您致以最深切的慰问！请相信，我们会学习王伟的精神，继承他的遗志，好好学习科学文化知识，为振兴我们的祖国，为捍卫我们中华民族的尊严，为世界的和平发展而奋斗不息！

致以最崇高的敬礼！

华东政法学院国际法系 0023 班

2001 年 4 月 30 日

华东政法学院国际法系 0023 班女大学生来信

北京十一学校、北京建华实验学校的来信

尊敬的阮国琴女士：

您好！

我们学校从新闻报道中了解到，历时 14 天的大规模搜救跳伞失踪飞行员、您的丈夫王伟同志的行动于 2001 年 4 月 14 日 18 时结束，在知道英雄王伟同志已无生还可能的消息后，北京市十一学校和建华实验学校全体师生对此感到深深的遗憾和悲痛，并对您及王伟的其他家属表示真切的慰问！

王伟同志是为捍卫国家主权而牺牲的，是为祖国和人民的利益不受侵犯而献出宝贵生命的。他，当之无愧是国家的英雄，是新时代最可爱的人！祖国和人民是永远不会忘记他的。

在搜救王伟同志的过程中，党和国家非常重视、无比关心，在为期 14 天的搜寻过程里，海军共出动舰艇 113 艘次、飞机 115 架次，交通部及广东和海南省共出动各种船只 1000 多艘次，军民共出动搜寻人员 10 余万人次，在 8.3 万平方公里的范围内反复搜寻……

王伟同志的英雄事迹也激发了全国人民的爱国热情，大家视王伟同志为国家和民族的英雄，举国上下、各方各界都非常关注他的下落；北京十一学校和建华实验学校全校师生更是视他为新时代最可爱的人，他是认真履行岗位职责、誓死捍卫国家主权的楷模和榜样，是大写的中国人。

您忍受身心受到的严重的伤害，发出了《致美国总统布什的一封信》，向美国政府义正词严地进行讨回人权、公道的斗争，表现出以国家利益为重、捍卫人权、呼唤和平的正义感，我们学校师生无

不为之动容和震撼。我们学校专门于 4 月 11 日 15 ：50，邀请著名军旅作家魏巍到校，参加《谁是最可爱的人》发表 50 周年的纪念活动，对学生进行爱国主义教育，增强学生"国家兴亡，匹夫有责"的责任感和使命感。

北京十一学校李金初校长和北京建华实验学校刘桂林校长共同倡议两校师生：用我们的实际行动，为新时代最可爱的人及家属服好务，就是对英雄行为的最好支持，就是对国家和政府捍卫主权坚决态度的拥护，就是为国家和民族尽一份力量和责任。

北京十一学校李金初校长和北京建华实验学校刘桂林校长非常关心、关注王伟及您的状况，随时通过新闻媒体了解营救的情况。因此，两位校长在 4 月 10 日代表全校师生书面向海军政治部致信一封，诚邀您到两校参观，并接请你们的孩子王子到学校上学。您也表示，在条件允许的情况下，一定送孩子到两校就读。

王子在北京建华实验学校上学时与生活老师、班主任的合影

　　在此，两校再次向您本人致信一封，真诚邀请您到校考察，并请您6岁的儿子王子到北京十一学校和北京建华实验学校就读，直到高中毕业，由两校提供在校期间的全部学习费用和生活费用，让英雄的孩子接受最好的基础教育，为英雄家属尽一份力量和责任。

　　尊敬的阮国琴女士，非常抱歉在您身心疲惫的情况下打扰您，但是，我们两校的确是非常真诚地邀请您的孩子到校就读，希望利用学校一流的教学质量和良好的生活环境，为王子提供一个良好的接受基础教育的条件，为他健康成长、成为栋梁之材打下坚实的基础。

　　如有可能，两所学校希望近期派人到医院探望、慰问您，并邀请您到校参观、考察，确定王子到两校就读的事情。

　　热切期盼能为英雄家属尽一份力量和责任！

北京十一学校、北京建华实验学校

2001 年 4 月 15 日

王伟的儿子（前排左二）在老师和同学的关爱中快乐成长

湖州童星幼儿园园长郁晓红的来信

王子的妈妈：

　　您好！

　　我是孩子所在幼儿园的园长郁晓红。得知孩子父亲的消息，我们童星园的老师们都很难过。同为中国人，我们的心情与你一样的沉痛，对美国霸权主义的行径感到无比的愤慨，作为家乡人，我们在肃然起敬的同时，增添了一份对"湖州人民的好儿子"的无限思念与深切缅怀。在此，请允许我代表全园教职员工向你表示最亲切与诚挚的问候！

　　我也是一个普普通通的女人，为人妻、为人母。我试想着你曾拥有和我一样团圆幸福的三口之家，体贴的丈夫，可爱的孩子，如

浙江湖州妇联领导去湖州童星幼儿园看望
王子（后排右一是郁晓红园长）

今却无辜遭受沉重打击。我知道此时此刻任何的语言都难以抚平你心中的悲痛，可身为角色相同的妻子与母亲，我非常能够理解你的心情，对你表现出来的坚强与大度，我更是致以崇高的敬意。

小王子是个聪明、可爱的孩子，从去年入园至今，他进步很快，上课认真、好问，爱动脑子，思维活跃，动手能力强，还很懂礼貌，和小朋友相处也十分融洽。一直以来，童星园的老师和小朋友都很喜欢他。而他在适应环境的过程中也同我们建立起了深厚的感情。现在孩子的父亲已经离开了我们，作为家乡幼儿园，我想我们更应该化悲痛为力量，责无旁贷地培养好英雄的后代，教育好下一代，使王伟的精神得以传承和延续。

孩子的心灵是纯洁无瑕的，我们会努力把丧失父爱的影响降至最低。家乡人民、市委市政府、主管部门市妇联的领导们，都在热切关注小王子的生活与学习。童星园是个温暖的大家庭，我们有信心，也有能力为孩子营造最理想的成长环境，为他今后的成才打下坚实基础。敬请放心！

最后，请您保重身体，祝健康如意！

（另附上小熊（二）班全体小朋友书信一封）

郁晓红

2001.4.21

王子的妈妈，
　您好！
　　我是孩子所在幼儿园的园长郁晓红。得知孩子父亲的消息，我们童星园的老师们都很痛心。同为中国人，我们心情与你一样的沉痛，对美国霸权主义的行经感到无比的愤慨。作为家乡人，我们在无比悲愤的同时，增添了一份对"湖州人民的好儿子"的无限思念与深切缅怀。在此，请允许我代表全园教职员工向您致以诚挚的问候！

　　我也是一个普通的女人，为人妻，为人母。我试想着你曾拥有和一样幸福的三口之家，体贴的丈夫，可爱的孩子，如今却天不遂人愿，遭遇这样的打击。我知道此时此刻任何的语言都难以抚平你心中的悲痛，可身为同龄人，同为妻子与母亲，我非常能理解你的心情，对你表现出来的坚强与大度，我更是致以崇高的敬意。
　　小王子是个聪明、可爱的孩子，从去年入园至今

　　来，上课认真，好……思维活跃，动手能力无敌，和小朋友相处一直以来，童星园的老师都很喜欢他，而他在……的过程中也同我们建立起……的感情。现在孩子的父亲……了我们，作为家乡幼儿……我们更应该化悲痛为力量，无微不至地培养如美娟的后代，看好下一代，使王伟的精神得以传承和延续。
　　孩子的心灵是纯洁无瑕的，

　　我们会努力把失去父爱的影响降至最低。家乡人民、市委市政府、主管部门市妇联的领导们，都在热切关注小王子的生活与学习。童星园是个温暖的大家庭，我们有信心，也有能力为孩子营造最理想的成长环境，为他今后的成材打下坚实基础。敬请放心！最后祝您身体健康。祝
　　健康　如意！
（另附上小班（二）班全体小朋友卡片一封）
　　　　　　　　　　　　　　郁晓红
　　　　　　　　　　　　　　2001.4.21

湖州童星幼儿园园长郁晓红来信

中国人民武装警察部队学院某系某队全体学员的来信

嫂子：

　　您现在好吗？我们是中国人民武装警察部队学院某系某队的全体学员，和您一样，我们一直在关注着王伟大哥的安危。我们激动于他为维护祖国尊严不顾个人利益的爱国主义精神，这是一名真正的军人的作为。当然，我们更能真切地感受到军人的家属对远方亲人的期盼，也更能体会嫂子您此时此刻的感受。

　　前些日子，我们从《解放军报》上得知您病了，我们日夜担心您的身体状况。我们捧上一千只纸鹤，让它带去我们的祝福，也让它陪着您度过这段等待的时光。

　　王伟大哥是我们的好战友，您是我们最亲爱的嫂子。请嫂子收下我们用心折的纸鹤，纸鹤虽小，情意弥深。

　　我们对美方的霸权主义行为深感义愤。

　　您一定保重身体。

阮国琴深情地整理从祖国各地寄来的纸鹤，时隔20余年，阮国琴依然保留着这些纸鹤

现在各项搜救工作都在紧锣密鼓地进行，让我们一起期待、一起祝福。嫂子，我们的心和您一起跳动。

还有小王子，一定很懂事儿吧，我们都因他有这样一个爸爸而骄傲。请告诉他，远方的叔叔阿姨们在关心着他的成长。有什么困难可以告诉我们，我们会全力帮助他的。

有我们在，有大家在，嫂子，您放心吧！

中国人民武装警察部队学院某系某队全体学员

2001 年 4 月 9 日

阮国琴坚强地面对生活，为儿子好好地活着

空军某学院全体官兵的来信

致王伟父母及爱人阮国琴同志的一封信

王伟同志为了捍卫中华民族的尊严、保卫祖国领空的主权而英勇牺牲。他的英雄壮举是祖国的光荣，是全军将士的自豪，是他的母校——空军某学院的骄傲！

王伟同志是我院某期丁班学员。在我院学习期间，他品学兼优，第一个当班长，第一个当区队长，第一批加入中国共产党。

2001年4月1日，王伟同志在执行任务中，在所驾驶的飞机被美国军用侦察机撞毁后跳伞落海，下落不明。我们对王伟同志的失踪表示极大的关心。虽然我们没有与南海军民一道搜救王伟同志，但是几千双眼睛无时无刻不眺望着南海，几千颗心无时无刻不期盼着王伟同志早日归来。每到业余时间，大家就不约而同地聚集在电视机、收音机前收看、收听有关王伟同志的报道，每当报纸一到，官兵们就抢着了解有关王伟同志的消息。

当得知王伟同志牺牲的消息时，全院官兵感到无比悲痛。我们为祖国母亲失去一个优秀的儿子而惋惜，为你们失去心爱的儿子和丈夫而痛心，为我们失去一位亲爱的战友而难过。他的牺牲向世人展示了中华儿女忠于党、忠于祖国、忠于人民的崇高品德；向世人展示了中华民族不容侮辱、不容侵犯、不畏强暴的英勇气概。

在这里，我们全院官兵向你们表示亲切的慰问！向王伟同志表示深切的哀悼！

我们学院党委已经发出号召，在全院深入开展学习王伟同志的活动。我们要学习王伟同志心系国家主权和民族尊严的爱国主义精神，学习王伟在关键时刻勇敢坚定、不怕牺牲的革命英雄主义精神，学习王伟热爱飞行事业、奋发进取的敬业精神，学习王伟富于理想、热爱生活的高尚道德情操。

官兵们一致表示，要化悲痛为富国强军的动力。在思想上、政治上、行动上同党中央保持高度一致，认真贯彻执行江主席"打得赢""不变质"的指示要求，努力做好军事斗争准备；坚定信念、不屈不挠、扎实工作，我们要像王伟同志那样时刻听从党和人民的召唤，坚决完成党和人民赋予的历史使命！我们要高质量地完成飞行训练任务，培养出千百万个"王伟式"的飞行人才！

我们衷心希望你们化悲痛为力量，保重身体，节哀顺变，振奋精神，继续支持和关心国防建设，为祖国的社会主义现代化建设做出新的贡献。

空军某学院全体官兵

2001 年 4 月 19 日

某部队某分队全连官兵的来信

尊敬的王伟同志的亲人及家属：

你们好！当我们全连官兵从报纸和电视上得知王伟同志为捍卫祖国领空主权而壮烈牺牲的噩耗时，我们十分悲愤。同时，我们对王伟同志的不幸遇难感到十分痛心，在此请接受我们全连官兵最深挚的悲悼。此时此刻，我们非常理解你们失去亲人的悲痛，但王伟同志是为保卫祖国而牺牲的，他的牺牲重于泰山，中国亿万人民会永远记住这个名字。我们希望你们化悲痛为力量，继承王伟同志的遗志，养育好英雄的后代。

王伟同志的一生虽然短暂，但是他胸怀远大理想，矢志报效祖国，是我们每名军人应该学习的榜样。他是一名具有现代化军事素质的军人，他把年轻的生命献给了国防事业，为捍卫祖国的主权而牺牲，他是当代军人的楷模，是我们学习的榜样，他英勇顽强，用生命谱写了一曲爱国主义和革命英雄主义的壮丽凯歌。他为祖国作出了巨大的贡献。虽然他已经离开了大家，但他的敬业和奉献精神却留在我们的心中，留在每一个军人的心中。

我们全连官兵决心像王伟同志那样热爱党、热爱祖国、热爱人民、热爱军队，坚定国家和民族利益高于一切的远大理想；学习他献身国防事业，甘于奉献的高尚情操和优秀品质；学习他立足岗位、苦练本领、刻苦学习、发奋进取、勇争第一的拼搏精神；学习他勇敢坚定、勇往直前，誓死捍卫国家主权和民族尊严的高度政治觉悟和大无畏的英雄气概。

请你们放心，王伟的血不会白流，我们全连官兵一定会用我们的实际行动去证明，中国人民不可欺，中华民族不可欺，我们一定会树立远大的革命理想，勤奋学习，刻苦训练，练就过硬的军事本领，时刻听从祖国的召唤，时刻准备为捍卫祖国利益而牺牲一切，为英雄的战友讨还血债！用我们的行动向英雄致敬！

某部队某分队全连官兵

2001 年 4 月 20 日

海航某团政治处的来信

阮国琴同志:

值此新春佳节之际,我们谨代表我团全体官兵向您及您的家人表示诚挚的问候!

2001 年 4 月 1 日是值得我们永远铭记的日子,您的丈夫王伟同志奉命执行跟踪监视美机任务,中途美机违反飞行规则,突然大坡度向我机转向,将王伟所驾驶的飞机垂直尾翼撞毁,导致飞机失控坠毁,王伟同志壮烈牺牲。

王伟同志是新时期我团对敌军事斗争中涌现出来的英雄人物,在关键时刻,表现出了新时期革命军人崇高的思想境界、强烈的爱国主义精神、勇敢顽强的战斗作风和大无畏的革命英雄主义精神,

王伟所在部队海航某团飞行员战友们

他用自己的鲜血和生命捍卫了祖国领空安全和民族尊严，为共和国的军人赢得了荣誉！蓝天作证，大海为怀，我们全体官兵将永远怀念他，全国人民将永远铭记我们的"海空卫士"！

在"4·1"事件的处理过程中，您顾全大局，以国家和民族利益为重，没有向组织提任何要求，而是化悲痛为力量，有理、有利、有节地向全世界爱好和平的人民揭露美国的霸权主义和野蛮行径，为我国政府处理"4·1"事件赢得了主动，表现了一名空勤家属的优秀品质和强烈的爱国热情，为全团乃至全军的飞行员家属树立了榜样。在此，向您致以最崇高的敬意！

当今天下并不太平，我们全团官兵将以王伟同志为榜样，决心做到：继承王伟烈士的遗志，以强烈的爱国主义热情立足本职工作；熟练掌握手中武器装备，始终瞄准强敌，苦练精飞，练就一身过硬本领；坚决履行我军的根本职能，牢记使命任务，时刻保持警惕；坚决捍卫国家主权和民族尊严，做不辱使命的坚强的海空卫士。

海航某团政治处

2002 年 1 月 30 日

内蒙古军区一名普通军人妻子的来信

阮姐姐：

　　你好!

　　我是内蒙古军区一名普通军人的妻子，电视里报道了你的不幸遭遇，我深感同情。你的不幸我很理解，同样身为军人妻子的我，明白你心中思念丈夫——也许将会失去丈夫的痛苦，还有年幼的孩子失去爸爸，这是多么悲痛的事。我也是一名普通军人的妻子，我一样热爱自己的国家，热爱和平。

　　阮姐姐，我心中非常敬重你，你是那么坚强，不论发生什么事情，一定要保重身体，还有更大的责任需要你来担当，那就是把下一代抚养成像他爸爸那样有骨气的中国好男儿。我相信你一定会做到的，你是我们军人妻子的好榜样、好军嫂。

　　阮姐姐，我为我们军人家属大家庭有你这样一位好军嫂感到自豪。家庭中需要一位好妻子，尤其是做军人的妻子不容易，他们需要理解、关心和支持。我明白，我们应该像你一样去支持他们。

　　阮姐姐，我没有太高的文化，也不会写什么来安慰你，我是用一颗真诚的心来关心你、慰问你，有千千万万的人民都在关心着你，你一定要坚强起来，我们每一位军人的妻子都会为你和你的家人天天祈祷的。最后我祝你身体健康!

内蒙古军区一名普通军人的妻子

2001 年 4 月 6 日

海军航空兵某团全体空勤家属的来信

国琴小妹：

你被上级接到北京看病住院已经有 10 天了，作为王伟战友的妻子，我们这些大嫂、大姐们都十分想念你，也非常牵挂你，早就想给你写信或者打电话，又怕加深你的痛苦。今天，我们姐妹凑在一起，把心里话说给你。

2001 年 4 月 1 日，王伟驾驶的飞机被美国的侦察机撞毁，他跳伞坠海。乍听到这个消息，我们和你一样感到震惊；至今，他仍下落不明，我们和你一样焦虑与痛心。这些天来，只要我们姐妹们碰在一起，说的是王伟，念的是王伟，想的是王伟。在心里默默地祝福着我们的好兄弟平安，同时也祝愿你刚刚做过大手术的身体能够扛住这突如其来的残酷打击，早一点康复。

记得你手术出院那天是 3 月 8 日，是咱们妇女的节日，我们几个姐妹去看你，还和你们两口子开玩笑，说你胖了，都是王伟伺候得好。那一刻，你幸福而又满足地笑了。在咱们团，你们是让人羡慕的一对，你善良贤惠，王伟聪明有为，你们俩相亲相爱，心心相印，胜过新婚，你们的小家温馨美满、和睦幸福，可这一切都被美国侦察机给撞碎了。每每想到这些，我们的眼泪就忍不住往下滚落。

国琴，我们的好妹妹，我们同是女人，同是飞行员的妻子，看了你给美国总统布什的信，我们都非常佩服你的胸襟和深明大义。你说出了咱们中国女人的心声、中国军嫂的心声，你质问得好啊！为什么美国政府经常派他们的侦察机千里迢迢到我们国家的沿海侦察？

为什么他们要撞坏王伟驾驶的飞机？为什么他们在事发之后，态度蛮横，一再推卸责任，并对王伟跳伞后的生命安危十分冷漠，难道这就是他们天天喊的人权、讲的人道、标榜的人性吗？我们支持你向美国政府讨还公道，美国政府要对此次事件承担全部责任，向全体中国人民和你及你的家人作出交代。我们和你一起，强烈要求美国政府停止在我国沿海地区的侦察活动，不要再派飞机来扰乱和破坏我们的和平和安宁，再也不要有这样的人间悲剧发生。中国需要和平，世界需要和平，作为中国军人的妻子，我们更盼望和平。

特别令人感动的是，当你得知我国政府出于人道主义考虑，允许美军侦察机上人员离境的消息时，你是那样平静和大度，坚决拥护我国政府的严正立场，坚决支持我国政府在处理此次事件中所采

全国妇联代表妇女同胞来海军总医院看望阮国琴

取的方法，充分展示了咱们中国妇女的爱心和善心。你的行为让某些泯灭良知和人性的人汗颜，你的行为让全世界爱好和平的人们为之动容。王伟是中国军人的骄傲，你也是咱们中国女性的骄傲。

国琴，事发已经两个星期了，那些爷们儿都没着过家。他们或参加战斗值班，或加入搜寻王伟的行列中。我们理解他们的心情，他们是王伟生死相依的战友，他们和王伟是亲密无间的兄弟，他们着急、焦虑、期盼……这些天，我们姐妹们有个约定，谁都不能因私事分他们的心，一定向你学习，做一个深明大义的好妻子、好军嫂，支持他们。现在，咱们海航的飞机、舰队的舰艇和广东、海南的老乡，以及港澳台的渔民同胞，依然24小时不间断地在海、陆、空进行立体配置式的拉网搜寻。这些天，我们也常常来到机场边，默默目送飞机飞向远海，期盼着惊喜能突然降临。我们看到团里的战友都黑了、瘦了，可没有一个有丝毫懈怠，仍然满怀希望全力以赴地去寻找我们的兄弟王伟。

国琴，听说你的公婆从浙江湖州老家带着咱们的小王子去了北京。好妹妹，你千万不要太伤心，一定要坚强啊，给老人以安慰，请他们多保重。过去，咱们是好邻居、好姐妹，现在，不管发生什么事，不管发生什么不幸，我们的心都和你紧紧连在一起。王伟是为保卫祖国领空安全、捍卫民族尊严而失踪的，我们敬重他、学习他。他的老人也是我们的老人，他的后代也是我们的后代，请你转告王伟的父母，咱们团的飞行员都是他们的儿子，我们都是他们的儿媳、女儿，我们都会像王伟和你那样照顾、孝敬他们。我们的小王子离开咱们部队回老家快一年了，叔叔阿姨们都十分喜欢他、想念他。王子是英雄的后代，不管你遇到什么困难，大家都会帮助你带好他，让他健康成长，让他像他父亲一样成为祖国的栋梁之材。

国琴，好妹妹，我们相信你能够勇敢地面对现实，坚强地走好今后的路，姐妹们在心里为你祝福。

海军航空兵某团全体空勤家属

2001 年 4 月 13 日

中国航天机电某研究所全体女职工的来信

尊敬的阮国琴女士：

   您好！

   我们中国航天机电某研究所全体女职工谨向您及您的家人致以最诚挚的慰问和最崇高的敬意！

   王伟同志下落不明以来，我所全体职工都密切关注着搜寻王伟同志行动的进展情况。当得知搜寻未果、您的丈夫可能已经壮烈牺牲的消息后，我们感到万分悲痛。王伟同志是共和国的好军人，是祖国和人民的好儿子！他的牺牲是您和您的家人的损失，是人民解放军的损失，也是祖国和人民的损失。王伟同志忠于党、忠于祖国、忠于人民，在生死关头，他勇敢坚定，毫不退缩，表现出了崇高的爱国主义精神和大无畏的革命英雄主义气概。他不仅是你们全家的光荣，也是全国人民的光荣！值得全国人民学习。

   作为女人，我们能够深刻体会到您失去丈夫的悲痛，但亲人既已离去，过度的悲伤只会损伤身体。为了你们的父母，为了你们的孩子，希望您能化悲痛为力量，保重身体，振作精神，完成王伟同志的遗愿，把孩子培养成对国家有用的人才。这是所有关心你的人的共同愿望。我们也将把对王伟同志的沉痛哀思变为推动我们工作的动力，紧紧围绕在党中央的周围，在自己的工作岗位上努力工作，为祖国的繁荣和强大而共同奋斗！

中国航天机电某研究所全体女职工

2001 年 4 月 16 日

阮国琴怀着一颗感恩的心受邀到航天某院研究生院给研究生们讲王伟精神和航天精神

海军广州疗养院空勤科全体医护人员的来信

尊敬的阮国琴同志：

您好！

我们是海军广州疗养院空勤科的医护人员。自从 4 月 1 日 9 时 7 分起，我们与全国人民一样将目光聚焦在同一片海域，我们与亿万军民一同高声呼唤同一个名字——王伟！我们每时每刻都在惦记着王伟，每时每刻都在盼望着奇迹的出现，每时每刻都在盼望着王伟的归来……但还是发生了我们都不愿相信的事情——王伟同志光荣牺牲了。正如江泽民主席所指出的，王伟同志为了保卫国家主权和安全献出了年轻的生命。中央军委授予王伟同志"海空卫士"荣誉称号，这是祖国和人民给予王伟同志的最高褒奖。王伟同志的精神是永存的，祖国和人民会永远记住他。王伟同志，我们为您感到光荣、骄傲和自豪。

我们至今都不敢相信王伟同志已经牺牲。王伟的容貌犹在眼前，王伟的声音犹在耳边。王伟曾多次来我科疗养，在我们朝夕相处的日子里，我们结下了深厚的战友之情。王伟是一位爱岗敬业、无私奉献的好军人，是一位好学上进、博才多能的好青年，还是一位助人为乐的好战友。王伟同志所做的好人好事说不尽、道不完，他的多才多艺更是让大家赞不绝口。曾记得王伟在疗养期间帮助我科出了一期黑板报，他写下了"海军五十周年"几个大字，他画了碧海蓝天战鹰翱翔图，那一笔一画，字里行间都凝聚着他爱党、爱军队、爱人民的崇高思想感情。这一切的一切似在昨天，历历在目。我们含着眼泪站在黑板报前，再道一声："王伟同志，我们的好战友，谢谢您！"

王伟在我科疗养的日子里，我们得知你们相亲相爱、和睦幸福，是令人羡慕的一对夫妻。可是，你们共同构筑的温馨美满的小家庭被美军侦察机无情地撞碎了。我们深知您承受着多么巨大的悲痛和打击，我们对您表示深切的关怀和问候。我们看了您写给美国总统布什的信，我们都非常敬佩您的博大胸襟和深明大义，我们的心情和您的家人是一样的，我们和全国人民一样都理解您、支持您。

……我们深信，全国各族人民一定能够战胜一个又一个艰难险阻，取得一个又一个伟大胜利，把我国建设成为一个富强、民主的社会主义现代化强国。

王伟同志有着强烈的爱国主义精神和大无畏的革命英雄主义精神，他用实际行动维护了国家主权和民族尊严，他永远是我们学习的榜样。王伟同志具有高度的政治责任感和使命意识，他以国家和人民的利益为重，他热爱党、热爱军队、热爱飞行事业，奋发进取，刻苦训练，是一位政治合格、军事过硬的优秀飞行员。我们同是军人，我们要像王伟同志那样，时刻听从党和人民的召唤，坚决完成党和人民赋予的任务。我科开展了"向王伟同志学习"的活动，大家纷纷表示要化悲痛为力量，热爱军队，热爱疗养事业，恪尽职守，兢兢业业，努力工作，以疗养员为中心，为疗养员提供全方位的优质服务，创建一个优美、舒适的疗养环境；开展科技大练兵，以精湛的业务技能，切实将疗养院建设成为恢复、再生、提高部队战斗力的"加油站"，确保"打得赢""不变质"。

王伟同志离开了我们，但我们之间的感情没有改变，并且将永远不会改变。王伟的亲人就是我们的亲人，我们深深地祝愿您多多保重，祝福您身体健康，同时，我们真诚欢迎您和您的家人在方便之时来我院疗养。

    此致

敬礼

海军广州疗养院空勤科全体医护人员

2001 年 4 月 23 日

海军广州疗养院空勤科全体医护人员发来的慰问信

王伟和阮国琴带着孩子在海南三亚海边合影留念

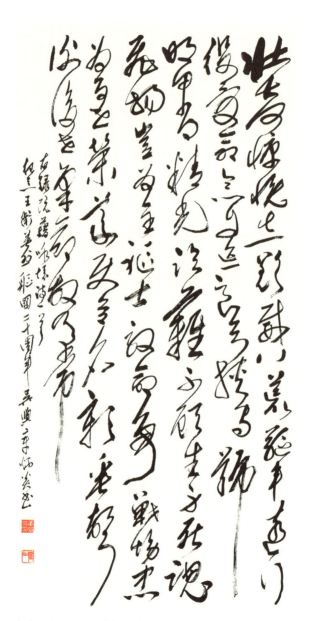

湖州民族画院院长章炳炎为王伟题字（阮籍《咏怀》）
表达壮士为国捐躯在所不惜的英武精神

薪火相传

第九章

　　英雄是民族的脊梁，青少年是国家未来的栋梁。让青少年成为革命的"接班人"，传承好红色血脉，以榜样为引领，将英雄的崇高信仰和英雄故事注入青少年的心田，让勇敢和自强不息的民族精神薪火相传，书写属于这一代人的新时代英雄史诗。

　　"少年智则国智，少年富则国富，少年强则国强。"青少年是祖国的希望，民族的未来，向青少年一代讲好红色故事，让他们知道我们的国家、我们的幸福的来路，对他们树立正确的人生观和价值观，增强爱国意识有着重要的意义。

　　我们要让红色基因融入青少年的血脉中，只有这样，才能更好地传承革命薪火，才能更好地培养德智体美劳全面发展的社会主义建设者和接班人，才能更好地培育以爱国主义为核心的民族精神和以改革创新为核心的时代精神，激发青少年的民族自尊心、自信心和自豪感，让革命薪火代代相传。这是我们的责任和使命。

　　2002年9月，为纪念"海空卫士"王伟，在上海市希望工程办公室的牵线搭桥下，上海市复星高科技（集团）有限公司捐资30万元，重建了海南省陵水黎族自治县海陵小学。时任中央军委副主席、国防部部长迟浩田上将题写了校名——海空卫士王伟希望小学。

陵水黎族自治县海空卫士王伟希望小学校徽与校门照片

阮国琴被陵水黎族自治县教育与科学技术局聘任为陵水黎族自治县海空卫士王伟希望小学名誉校长

　　陵水黎族自治县海空卫士王伟希望小学地处陵水县三才镇，创办于 1962 年，前身是海陵小学。上海市复星高科技（集团）有限公司捐资的 30 万元，用于新教室的粉刷，还增添了新的座椅、图书和体育用品，孩子们从此告别了破旧的桌椅、破损的门窗，高高兴兴地搬进了焕然一新的教室上课。

　　2006 年 6 月，我捐资 10 万元给海南省青少年基金会，专款专用在陵水黎族自治县海空卫士王伟希望小学设立"海空卫士"王伟奖学金。在每年的 4 月 1 日，让孩子们崇尚、缅怀、祭奠英雄王伟，让孩子们从小在心中种下爱国主义的种子，鼓励孩子们以英雄王伟叔叔为榜样，学做英雄，争做英雄，让孩子们更加热爱祖国、热爱人民，好好学习，天天向上，以优异的成绩获得"海

阮国琴向海空卫士
王伟希望小学捐资捐物

空卫士"王伟奖学金，做德智体美劳全面发展的革命接班人，长大后报效祖国。

2006年6月22日，我被陵水黎族自治县教育与科学技术局聘任为陵水黎族自治县海空卫士王伟希望小学名誉校长。2006年6月以来，"海空卫士"王伟奖学金已累计发放3.7万元，资助奖励了358名学生。

2015年，这所学校被陵水黎族自治县与中国人民解放军某部队确定为"双拥共建示范点"。2018年更名为海南陵水海空卫士王伟红军小学，共挂两块牌子。学校占地面积为16.3亩，现有教学综合楼、办公楼、教师周转楼各一栋。设有校长办公室、教导处、教师备课室、德育办公室、少先队部、安保值班室、图书室、阅览室、心理健康咨询室、科学实验室、科学仪器室、音乐室、美术室、计算机教室、档案室、教学资料室、体育器材室等科室和功能室，各功能室配置齐全。该校计算机教室配有学生机45台，图书室现有藏书7000册，校园内有200米环形运动场一个、标准篮球场一个。教师办公条件也有了很大的改善，办公室配置空调，人手一部电脑，为

阮国琴向陵水黎族自治县海空卫士王伟希望小学捐赠 10 万元，成立了“海空卫士”王伟奖学金

教师工作提供了良好条件。校园整洁，绿树成荫，呈现一派生机勃勃的景象。

近年来，学校传承红色基因，加强革命传统教育和爱国主义教育，积极探索德育发展新途径，不断创新更适合培养农村孩子的教育新模式，让孩子接受公平而有质量的教育。

该学校重视校园文化建设，营造了良好的文化氛围。该校提出了“让每个孩子阳光、勇敢、优雅地走向未来”的办学理念和“培养有红色基因、有责任感的新时代人”的办学目标，以“明理尚德，爱国爱校”为校训，以“勤奋苦学，踏实求真”为校风，以“爱生乐教，敬业勤勉”为教风，以“乐学善思，好问巧学”为学风。该校树立了以特色校园文化影响人、以良好环境培育人的理念，坚持走特色发展教育之路。目前学校正在不断提升学校发展内涵，努力营造具有英雄特色、红军特色的校园环境，致力于把学校打造成名副其实的传承红色基因的摇篮。

陵水黎族自治县海空卫士王伟希望小学名誉校长
阮国琴给学生们发放"海空卫士"王伟奖学金

陵水黎族自治县海空卫士王伟希望小学中的王伟烈士雕像

陵水黎族自治县海空卫士王伟希望小学传承红色基因,号召师生讲英雄故事,学习英雄事迹

爱国奋进

第十章

　　王伟的归途就是我爱的征程，我踏着王伟报国爱国的脚步，力争成为宣传英雄精神和爱国主义精神的一名践行者，悼念英雄，传承好英雄精神。

——阮国琴

"'天地英雄气，千秋尚凛然。'一个有希望的民族不能没有英雄，一个有前途的国家不能没有先锋。"①

英雄精神挺立民族脊梁

2015 年 9 月 2 日，中共中央总书记、国家主席、中央军委主席习近平在颁发"中国人民抗日战争胜利 70 周年"纪念章仪式上发表的重要讲话中说："今天，中国正在发生日新月异的变化，我们比历史上任何时期都更加接近实现中华民族伟大复兴的目标。实现我们的目标，需要英雄，需要英雄精神。我们要铭记一切为中华民族和中国人民作出贡献的英雄们，崇尚英雄，捍卫英雄，学习英雄，关爱英雄，戮力同心为实现'两个一百年'奋斗目标、实现中华民族伟大复兴的中国梦而努力奋斗！"②

习近平主席这句句肺腑之言，是他对英雄最诚挚的礼敬，也是对全体中国人民英雄观的正确引导。礼敬英雄是一个国家、一个民族对自己经历苦难与辉煌的集体记忆。历史是由人民书写的，人民是真正的英雄；礼敬英雄就是敬重和爱惜我们中国人自己身上流淌的民族血脉，守护民族的根与魂；礼敬英雄就是传承和弘扬我们中

---

① 习近平:《习近平在纪念中国人民抗日战争暨世界反法西斯战争胜利 70 周年系列活动上的讲话》，人民出版社，2015，第 19 页。

② 习近平:《习近平在纪念中国人民抗日战争暨世界反法西斯战争胜利 70 周年系列活动上的讲话》，人民出版社，2015，第 19 页。

王伟生前所在部队面向国旗发出铮铮誓言

国人自己身上涵养的民族气节，铸就民族新的辉煌。

英雄是时代的楷模，要让更多的人懂得爱国爱英雄，才能够提高中国国民素质，每个爱国有担当的公民，都是推动中国坚定前行的一分子。

每个时代都需要英雄榜样的精神力量，不同的时代造就不同的英雄。王伟是和平年代牺牲的英雄，我们从王伟身上可以看到英雄们有一个共同的精神标识，即勇于牺牲小我，成就大我，献身于他人、社会甚至全人类。他们以自己绵薄之力承担了推动人类社会发展必然要付出的代价，甘于为他人的岁月静好负重前行。因此，只有懂得仰望英雄、崇尚英雄的集体、民族和个人，才拥有不竭的精神之源和持续发展的动力，才能走向崛起实现伟大的民族复兴和自我的超越。我们对国家英雄的敬重和爱惜就是要守卫中华文化和民族精神的"筋骨"和"脊梁"，不断增强中国人的自信心和自尊心，重塑中国人的精神世界，从而为我们投身中华民族伟大复兴，提供永恒的精神支撑和指引。

英雄血性铸就赤胆忠诚

王伟是英雄，也是一名优秀的共产党员。他的优秀来自党和部队对他的培养，他在党旗下庄严宣誓：为共产主义奋斗终身，永不叛党。从那一刻起，王伟对共产主义的信仰已经融入他沸腾的热血中。他对共产主义的信仰始终贯穿在他的职责和使命担当中，他的战斗精神和牺牲精神，也诠释了他对党的绝对忠诚，兑现了入党时的宣言："随时准备为党和人民牺牲一切，为共产主义奋斗终身。"他的这种中国共产党人的信仰正是无数革命先烈的英勇壮举的精神之源，彰显了中国共产党人浴血奋战、开拓进取的精神，用青春和智慧谱写了可歌可泣的伟大诗篇。

在和平年代，王伟的共产主义信仰铸造了他的血性。王伟敢于对霸权主义国家亮剑并战斗到底的英雄气概就是军人的血性。2014年10月30日，中央军委主席习近平在古田全军政治工作会议上强调"血性就是战斗精神"。血性就是军人的脊梁，就是胜利的基因。

习近平主席提出："着力培养有灵魂、有本事、有血性、有品德的新一代革命军人，努力建设一支听党指挥、能打胜仗、作风优良的人民军队。"[①] 当代军人要有血性！如果我们把军人比作一把利剑，那么军人的血性就是那锋利的剑刃，充盈了血性的军人，剑气逼人，令敌

---

① 习近平：《在庆祝中国共产党成立95周年大会上的讲话》，人民出版社，2016，第25页。

"天涯哨兵"面向国旗发出铮铮誓言

胆寒，剑锋所指所向披靡，而丧失了血性的军人，如同卷刃之剑，挥之易折斩而不断。

血性就是军人的本性，也是打胜仗的底气。习主席提出的军人血性，承载的是革命英雄主义精神的血脉，是对我军战斗精神内涵的高度概括。中国站在践行强军目标新起点上，要锤炼的是军人的血性和胆气，要铸剑砺锋，用军人的血性凝聚起实现中国梦和强军梦的磅礴力量。

英雄情怀凝聚奋进力量

印度诗人、哲学家泰戈尔说过一句名言："我们必须奉献于生命，才能获得生命。"我从王伟平凡而伟大的一生中明白了一个道理：作为一个活生生的人，立在这天地之间，我们不能辜负自己的人生，不能辜负这段人生的岁月。虽然它匆匆忙忙，转瞬即逝，但人生当有人生的意义，生命当有生命的价值。我们学习英雄、崇尚英雄，用英雄价值观去思考人生，去塑造人生，人生的价值和意义自然就会呈现出来。我们每一个人活在当下，要时刻警醒：英雄们负重前行，为祖国、为人民牺牲自己的生命也在所不惜，那么我们应该如何践行奉献精神，展现爱国情怀？

王伟的战友们时刻准备砥砺前行

　　爱国奉献是对时代的担当，时代号角已经吹响，新的时代，新的担当，新的作为，砥砺着新时代的奋斗者不断前行。新时代的奋斗本就与国家息息相关，国家是奋斗者追梦的保障，奋斗者是国家前行的动力，新时代的奋斗需要以爱国主义精神来凝聚力量。

全军官兵与中国人民大学学生共同开展"学习王伟同志、立志报效祖国"活动

如今，在这纷繁复杂的世界形势面前，中国的发展需要全体奋斗者的团结。中国犹如一艘在世界浪潮中航行的巨轮，新时代奋斗者就是这艘巨轮的零部件，只有每个零部件时刻绷紧、各司其职，才能确保巨轮在狂风暴雨中行稳致远。

爱国奉献也是对自己的担当，无论我们今天所做的事是伟大还是渺小，是高贵还是卑微，只要能为国家建功，为民族蓄力，将来就一定不会愧疚、不会后悔。爱国永远不会有过去时，爱国也永远不只是责任，这种情怀，是对自己的成全，这份奉献，是对生命的尊重。

如今，我们把对国家和民族的责任、对历史和时代的担当，作为自己的价值追求，不仅使生命富有了意义，更让人生充满了希望。而这汇聚起来的希望，是支撑民族挺立的无限力量，是照亮中国前行的无限光芒。

一代又一代共产党人正是在党的光辉历程中，坚定共产主义远大理想和中国特色社会主义共同理想，保持共产党人的政治本色，不断获得继往开来的强大动力。王伟的一生是爱国奉献的典范，他虽然牺牲了生命，但他的精神永垂不朽。他把自己的梦想融入实现中国梦波澜壮阔的奋斗历程之中，描绘了无愧于时代的精彩画卷，他无怨无悔。

王伟的归途就是我爱的征程，我自 2019 年 4 月退休以后，踏着王伟爱国报国的脚步，成为宣传英雄精神和爱国主义精神的一名践行者。几年来，我到政府机关、企事业单位、大中小学、社区进行"'不忘初心 牢记使命'爱国奋进新时代"主题演讲。

　　同时，我也走进部队宣讲，到北京某通信旅、海军南航机关等进行"战斗精神奋进新时代"主题演讲。几年来，我共赴全国20余个地方进行主题演讲。

　　我充满激情，奋力奔跑，时刻用行动来践行爱国精神，号召每个中国人心系国家，勇于奋斗，在新的伟大征程上凝心聚力，砥砺奋进，为共同实现中华民族的伟大复兴而奋斗。

阮国琴到学校进行"不忘初心　牢记使命"主题演讲，
学生们立志好好学习、天天向上，做革命的接班人

阮国琴去云南大学滇池学院（左）、云南省公安厅（右）
进行"'不忘初心　牢记使命'爱国奋进新时代"主题演讲

阮国琴到河南锦路路桥建设有限公司（左）、共青团三门峡市委（右）进行"'不忘初心 牢记使命'爱国奋进新时代"主题演讲

阮国琴到北京某通信旅新兵营进行"战斗精神奋进新时代"主题演讲

阮国琴到海军南航机关等单位
进行"战斗精神
奋进新时代"主题演讲

后 记

我和王伟最后的告别是在 2001 年的 3 月 31 日。往事历历在目，那天下午，王伟结束了一天的飞行任务回到家，告诉我第二天他还要到外场值班，晚上值完班才能回家。他已经连续三天有飞行任务，四天没回过家了。那天，他为了不让我担心，特地骑着自行车回家来告诉我一声，见一面就要回大队宿舍休息。王伟临走的时候，我像每次分别时一样，紧紧地拥抱了他，这是我们之间分别时一个不成文的惯例，只要他去飞行，我总是要抱他一下作为告别礼，希望他安全归来。那天很特别，不知道为什么，我就想让他抱紧点、再紧点，然后一直把他送到单元楼外面的大门口，一直目送他骑着自行车的背影消失在路尽头，这是王伟留给我的最后的背影，我一生都不能忘怀。第二天是 4 月 1 日，王伟就在他战斗值班的南海上空壮烈牺牲了。

王伟已经离开整整 24 年了，虽然他牺牲了，但这么多年来，我一直觉得他未曾离开过我。每年的 4 月 1 日，我看到王伟的墓前摆满了全国各地缅怀者献上的鲜花和礼物，我感受到：人民没有忘记他。有一件特殊的"礼物"，让我印象深刻，那是一艘辽宁舰的模型。看到这一幕，我泪流满面，因为王伟生前最大的愿望，就是成为中国第一代航母舰载机飞行员，我想这是对王伟在天之灵最好的告慰。

作为他的妻子我要为他写一本书，是为了纪念，也是为了更好地远行。纪念英雄是对英雄的深切缅怀，是对历史的久远铭记，也是对未来的美好展望。2021 年是中国共产党成立 100 周年，我作为一名党员，反问自己：王伟为国牺牲了，作为他的妻子，我该为这个伟大的国家做些什么？王伟的战斗精神和爱国奉献精神是需要我们一代代人继承的，我要为党工作，牢记自己的使命，以永不懈怠的精神状态，知行合一，讲好英雄的事迹，悼念英雄，传承好英雄精神。

王伟来过这个世界，他在我们伟大的祖国真诚、炙热、快乐地活过。他之所以能够在关键时刻挺身而出，为了祖国和人民毫不犹豫地牺牲，就是因为他内心深处伟大的爱国主义精神。这是我们中华民族的伟大精神，更是深藏在我们每个人内心深处的良知，只要这种良知被唤醒，各行各业的年轻人，都能够成为像王伟一样的英雄！

每年的 4 月 1 日，当大家呼唤"81192 请返航"的时候，并不只是在呼唤王伟，而是在呼唤整个中华民族的英雄精神。如果王伟能够看到辽宁舰、山东舰下水，能够看到中国的航天员在自己国家的空间站执行任务，能够看到戍边战士做出了与他当年在南海上空同样的选择，能够看到白衣天使伟大逆行勇敢抗疫，一定会特别欣慰。所以，王伟并不孤独。他在世时，有家庭和战友的温暖陪伴，度过了充实幸福的一生。在生命的最后关头，他舍弃了生命，与敌人顽强对抗，这也是对无数革命先烈精神的继承。我想，在中华民族伟大崛起之路上，会涌现出越来越多的英雄，王伟的 81192 将是一架永远不会停航的战机，永远注视着祖国，守护着每一位中华儿女！

我要深深感谢给予我力量的全国人民，感谢帮助本书顺利完成的于振华、王建民、查春明、张全跃等记者的大力支持；还要感谢武警学院宁德文教授，我的好朋友凌秀美、项晖、任静、陈永晖、石应红，王伟事迹报告团的全体成员陈永平、陆士连、张秀齐、王忠、周珏的积极配合；感谢社会科学文献出版社原副总编辑蔡继辉的鼎力支持；更要感谢社会科学文献出版社编辑们的辛勤审稿；还有我的书法老师章炳炎，感谢你们的大力支持和厚爱。

本书部分照片为王伟牺牲前拍摄并留存家中的，在此谨对其摄影作者深表谢意。20 多年来，我尽力找寻拍摄作者，但因年代久远、居住地变更等因素，有些照片未能找到拍摄作者，深感遗憾。照片的拍摄作者，如您看到本书及书中所使用的照片，请您联系我，我将当面向您致谢。

英雄永不独行，我们一起砥砺前行。

阮国琴

2025 年 1 月

图书在版编目（CIP）数据

呼叫 81192："海空卫士"王伟的飞行梦和家国情／
阮国琴著. -- 北京：社会科学文献出版社，2025.3.
ISBN 978 - 7 - 5228 - 4723 - 8

Ⅰ. K825.2

中国国家版本馆 CIP 数据核字第 2024GD7134 号

呼叫 81192："海空卫士"王伟的飞行梦和家国情

著　　者／阮国琴

出 版 人／冀祥德
责任编辑／路　红　张炜丽
文稿编辑／徐　花
责任印制／王京美

出　　版／社会科学文献出版社·皮书分社（010）59367127
　　　　　地址：北京市北三环中路甲29号院华龙大厦　邮编：100029
　　　　　网址：www.ssap.com.cn
发　　行／社会科学文献出版社（010）59367028
印　　装／三河市东方印刷有限公司

规　　格／开　本：787mm × 1092mm　1/16
　　　　　印　张：18　字　数：200 千字
版　　次／2025 年 3 月第 1 版　2025 年 3 月第 1 次印刷
书　　号／ISBN 978 - 7 - 5228 - 4723 - 8
定　　价／89.00 元

读者服务电话：4008918866